I

Cet homme usé qui s'éteint, le 31 juillet 1556 à Rome, étonnait depuis longtemps ses proches par la force étrange qui se manifestait dans sa faiblesse. Ignace de Loyola lui-même, malgré sa prodigieuse énergie, s'était longtemps prétendu incapable de tout, sauf par la grâce de Dieu. Son aventure terrestre s'achève dans la moiteur de l'été, à l'intérieur d'une petite chambre au plafond bas où ne parvient pas la rumeur de la ville, mais peut-être cette espèce de murmure par quoi, dit la Bible, se manifeste la présence du Seigneur.

Les années qui viennent de s'écouler ont vu Ignace saisi par cette présence mystérieuse qui lui a fait verser tant de larmes que ses paupières en sont continûment meurtries. L'insaisissable personne qui l'avait naguère instruit à Manrèse s'est à nouveau rendue sensible, alors que l'œuvre est accomplie, l'ordre fondé, les disciples envoyés aux quatre coins du monde. Cette personne s'est révélée, dit Ignace, «en dehors des forces naturelles», «plus en sentant et voyant qu'en comprenant», susci-tant en lui un amour immense et qu'il n'avait pas connu jusqu'alors. Il n'a jamais pu décrire ni expliquer cette invasion de l'âme qu'il se contentait d'attendre et d'espérer, et qui le surprenait le plus souvent. Pourtant, il n'a pas adouci la rigueur de ces pratiques ascétiques qui lui faisaient examiner sa conscience dix fois par jour, avec le sentiment aigu de son état de pécheur qu'ont les saints, sentiment qui étonne. Avec cela, ont noté ses proches, d'une dévotion calme, sereine et reposée, et d'une très grande tendresse pour ceux qu'il côtoyait. La contemplation n'animait pas chez lui les seules facultés qu'on dit spirituelles, mais aussi la mémoire, l'imagination, la volonté, le disposant à l'action et au service dans le même moment où elle lui faisait mesurer à la fois la proximité de Dieu et son éloignement.

Ignace meurt loin du Pays basque qu'il a aimé, dont il se souvenait avec émotion lorsqu'il lui arrivait de manger le *taloa*. On l'appelait alors Eneko, ou Inigo en castillan, et ce prénom évoquait le feu.

Lui si attentif à discerner l'ordre divin derrière le chaos des apparences n'a jamais pensé qu'il était né par hasard dans ces collines, et qu'il eût mieux servi Dieu en les effaçant de sa mémoire. Hugues de Saint-Victor écrit : « C'est encore un voluptueux, celui pour qui la patrie est douce. C'est déjà un courageux, celui pour qui tout sol est une patrie. Mais il est parfait, celui pour qui le monde entier est un exil. » Ignace est resté le pèlerin du Montserrat, de Manrèse et de Jérusalem, non pas tant à cause de ces années d'errance et de mendicité qu'à cause de cette conviction que ce monde-ci n'est qu'une préfiguration de l'autre. Mais alors que le Moyen Âge avait espéré pouvoir reproduire ici-bas, dans les monastères, autour des cathé-

DU MÊME AUTEUR

Aux Éditions Gallimard

LA CORRUPTION DU SIÈCLE, 1988. Prix Colette 1989.

L'INFORTUNE, 1990. Grand Prix du roman de l'Académie française 1991 («Folio», n° 2429).

L'AILE DE NOS CHIMÈRES, 1993.

LES ALEXANDRINS, 2003. Prix Méditerranée.

LA CHANSON DE PASSAVANT, 2005.

L'OBÉISSANCE, 2007. Prix du roman historique.

Chez d'autres éditeurs

LE SPHINX DE DARWIN, 1997, *Fayard.*

LES HOMMES N'EN SAURONT RIEN, 1995, *Grasset poche.*

LAMBERT PACHA, 1998, *Grasset poche.*

INIGO

FRANÇOIS SUREAU

INIGO

portrait

GALLIMARD

*Il a été tiré de l'édition originale de cet ouvrage
vingt-cinq exemplaires sur vélin pur fil
des papeteries Malmenayde numérotés de 1 à 25.*

Pour Edmond

Le combat spirituel est aussi brutal que
la bataille d'hommes.

RIMBAUD

drales, l'ordre imaginé de la cité de Dieu, Ignace a fait sienne l'intuition de son temps : que le mouvement est aussi une qualité de Dieu, et que Dieu doit être cherché partout. Il a dispensé ses frères des règles monastiques. Il a voulu qu'ils travaillent à ce mouvement même. Mais l'effort a toujours une origine, un point de départ, un point d'application. L'attachement d'Ignace à sa patrie lui venait sans doute de la conscience qu'il s'était forgée, au moment de sa conversion, que Dieu vient chercher les siens là où ils sont nés et tels qu'ils sont.

Ce fut le 11 juin qu'Ignace commença de s'affaiblir. Il avait de la fièvre et ne pouvait plus diriger son ordre. Il délégua ses pouvoirs à deux pères, dont son secrétaire Polanco, et se retira dans une petite maison sur l'Aventin, qui venait d'être refaite et dont les murs n'avaient pas achevé de sécher. Il y reçut avec indifférence le médecin qu'on lui envoyait, et qui conseilla de le laisser sur place, tant cette solitude paraissait lui plaire. Mais il continua de s'affaiblir, et, le 24 juillet, il revint à la Strada, dans la maison de cette Compagnie qui était désormais une puissance dans l'Église. Ils vivaient là, peu nombreux, dans un dédale de couloirs et de cabinets étroits. La chambre d'Ignace ressemblait à la cellule d'un béguinage flamand. Le parquet était fait de planches assez épaisses, les boiseries des murs étaient simples et d'un fauve tirant vers le noir près du plafond dont la blancheur chaulée éclairait la pièce ; la chambre ne comportait qu'une fenêtre haute avec de petits carreaux sertis de plomb. Il régnait dans cette maison un silence conventuel. S'il s'était dégagé des contraintes de la vie monastique, de la clôture et de l'office au chœur, Ignace n'en était pas moins resté sensible à la forme de vie des moines. Il avait pensé un moment se faire chartreux. Il aimait le silence. Il en avait même fait, en 1549, une règle propre à la maison de Rome, qui en tirait une atmosphère particulière, à laquelle les visiteurs étrangers étaient d'autant plus sensibles que ces quelques pièces étaient le centre nerveux de l'ordre, l'endroit d'où Ignace et ses compagnons les plus proches traitaient avec le Saint-Siège, les rois, les princes, leurs frères répandus à travers le monde connu, et tous ceux qui venaient leur demander secours.

Ignace garde la chambre et doit souvent renoncer à dire la messe. Ses proches ne s'en inquiètent pas. Voici longtemps qu'il est malade et affaibli. Une première fois, en 1550, il a voulu se démettre de sa charge de supérieur général. L'année 1554 lui a été particulièrement pénible. C'est un homme de soixante-cinq ans auquel les forces manquent depuis longtemps pour accomplir cet étonnant labeur que seule une puissance inconnue semble rendre possible. L'autopsie, conduite par Colombo, disciple de Vésale, révélera des calculs indénombrables, dans les reins, les poumons et la veine porte. Les souffrances d'Ignace ont dû être très grandes, et affecter la majeure partie de son existence. À la fin de juillet, les médecins, habitués à le trouver faible, n'attachent pas d'importance particulière à l'aggravation de son état. Ignace a connu de nombreuses rechutes et les a toujours surmontées. D'autres dans la maison, et d'abord Laynez, l'un de ses premiers disciples et qui sera son successeur, sont gravement malades.

Mais Ignace, lui, a vu le terme de sa vie. Il n'est pas l'homme des illusions ni des doutes. Le 29 juillet, il demande à Polanco de convoquer les médecins, puis d'aller au Vatican solliciter la bénédiction du pape, pour Laynez comme pour lui-même. Le reître ambitieux, le hobereau basque, l'estropié de Pampelune est devenu l'un des personnages les plus importants de la chrétienté, et est déjà révéré comme un saint.

Bien qu'Ignace lui ait dit qu'il se sentait près de rendre le dernier souffle, Polanco ne semble pas penser sa fin imminente. Peut-être ne veut-il simplement pas y croire. On mesure mal l'abandon de ces hommes à ce qu'ils nomment la volonté de Dieu, et les conséquences de cet abandon sur leurs sentiments. Le lendemain, jeudi, était le jour du courrier pour l'Espagne, acheminé par Gênes, et Polanco avait encore quelques lettres à écrire. Il veut savoir s'il peut remettre au surlendemain sa visite au pape. Ignace lui répond : «Je serais en paix si vous le faisiez aujourd'hui plutôt que demain, ou du moins le plus vite possible ; mais faites comme il vous semblera bon. Je m'en remets à vous entièrement.» Polanco prend alors l'avis du docteur Pétroni, qui ne voit pas qu'Ignace soit en danger, et décide de remettre au jour suivant.

À l'aube, Ignace se meurt. On envoie chercher son confesseur, Pedro Riera — qui demeure introuvable. Polanco, troublé au point qu'on imagine, se rend au Vatican à la pointe du jour. Malgré l'heure matinale, il est immédiatement reçu par le pape qui lui accorde la bénédiction demandée par le fondateur.

À ce moment même, Ignace de Loyola se tourne vers le mur et s'éteint, seul. Il n'a pas reçu les derniers sacrements. Il n'avait pas communié depuis deux jours. Il n'avait pas davantage, sentant sa fin prochaine, béni ses frères ou désigné son successeur. Il n'avait accompli aucun des gestes dont les fondateurs d'ordres s'acquittent au moment ultime, ou que les récits leur prêtent. Réfléchissant plus tard sur les circonstances inhabituelles de cette mort, Polanco y verra un dernier enseignement : « En humble serviteur de Dieu, il ne s'attribuait rien à lui-même, ni ne voulait qu'on ne lui attribue rien — mais tout au Christ seul, selon le nom de la Compagnie, au Christ de qui tout avait été reçu. »

La mort d'Ignace de Loyola étonne par cette liberté qu'il avait voulu chercher dans la conformité à l'amoureux dessein du Créateur. Il la voyait comme une réponse. Nous n'en connaissons pas le dernier mot, quand il s'est tourné pour mourir, dans cette chambre étroite, privé des sacrements de l'Église. Il y a quelque chose de singulier et d'émouvant dans la naissance au ciel d'Ignace de Loyola. « Il quitta ce monde d'une manière tout ordinaire, écrit encore Polanco ; et sans doute dut-il obtenir de Dieu, dont la seule gloire était l'objet de ses désirs, cette grâce de ne pas avoir d'autres signes particuliers marquant sa mort. »

Ignace fut inhumé dans l'église du Gesù, à Rome, et l'on édifia sur sa tombe un autel de style baroque au-dessus duquel une statue du saint, en argent massif, devait soutenir l'admiration des fidèles. C'était l'esprit de l'époque. Et les fidèles y vinrent très vite, en foule, implorer l'intercession de cet homme que nombre de ses contemporains avaient pourtant trouvé mystérieux. Le procès de canonisation fut engagé dès 1595, et Ignace fut béatifié en 1609, avant d'être déclaré saint en 1622, en même temps que François Xavier, l'apôtre des Indes, qui avait été son compagnon d'études à Paris; Philippe Néri, prêtre joyeux, pur et fantaisiste, qui avait envisagé un temps de rejoindre la Compagnie, et Thérèse d'Avila, réformatrice du Carmel et familière des voies de Dieu.

Il est des saints inconnus, qui sont sans doute les plus nombreux. Les saints reconnus sont ceux que l'Église propose comme exemple aux fidèles. Il est difficile pourtant d'envisager de suivre l'exemple d'Ignace de Loyola. Ni son caractère ni les grâces dont il a bénéficié ne semblent pouvoir être donnés à quiconque en partage. Quant à le vénérer, ce serait oublier qu'ainsi qu'il le croyait, seul Dieu est glorifié dans les saints.

II

La veille de la bataille, Inigo voulut se confesser. Mais il n'y avait pas de prêtre parmi les soldats. Il aborda au hasard un de ses compagnons d'armes, qui se réchauffait près d'un brasier de poutres et de chaises, débris d'une maison pillée, et lui demanda de lui rendre ce service. L'homme était un Navarrais au visage fermé, aux gestes lourds, qui accepta d'un hochement de tête, puis se signa.

C'était au soir du 19 mai 1521. Les Français de Lesparre, comte de Foix, assiégeaient la citadelle de Pampelune. Quand on montait sur les murailles, on voyait en contrebas leurs tentes et leurs feux. Les civils se terraient dans la ville conquise, et le paysage appartenait aux armées. En haut les Espagnols, à peine un millier de soldats royaux, la meilleure infanterie du monde, mécontents de n'avoir pas touché leur solde, et quelques volontaires basques emmenés par Inigo de Loyola. En bas les Français, qui étaient des Gascons, braves mais brigands, des cavaliers balkaniques, des mercenaires allemands et suisses, vaillants mais prompts à déserter lorsque l'argent manquait, parce qu'ils ne se payaient pas seulement de paroles. De l'autre côté de la rivière, les derniers feux du jour éclairaient les canons.

Tous ces soldats étaient seuls entre eux, les maîtres du monde étant absents : François Ier, roi de France et candidat à l'Empire, allié des *comuneros* révoltés de Castille, saisissant toute occasion pour descendre vers le sud ; Charles Quint, qui entendait remettre au pas la dissidence bourgeoise et donner à l'Empire la première place en Europe. Le Français était un écervelé de la chasse et des jeux, sorte de don Quichotte qui n'aurait lu de Machiavel qu'une page sur deux ; le Flamand, un bourgeois mélancolique, enclin à se tourner vers la vertu entre deux accès de goinfrerie, lançant les armées les unes contre les autres pour se distraire, se regardant vivre et se regardant vaincre. On peut rêver à une autre histoire, où Charles Quint et François Ier ne subsisteraient que pour expliquer, au terme de l'enchaînement des causes et des effets, la vocation d'Ignace de Loyola et l'influence qu'elle a eue, non seulement dans le monde visible, mais aussi dans l'invisible.

L'affaire de Pampelune a souvent été sous-estimée. Ce n'était pourtant pas un combat sans importance. La Navarre était, avec la Lombardie et le nord-est de la France, le champ clos des volontés souveraines de ce temps. Le rôle qu'Inigo y a joué, même fugitivement, en a fait un instant l'égal des plus grands soldats. Ce n'était pas le capitaine Alatriste. Il faut s'en souvenir pour comprendre ce à quoi il a renoncé. Plus tard, il fondera la Compagnie de Jésus avec d'anciens adversaires : un Français, Favre, et un Navarrais, François de Xavier, dont le frère avait combattu contre les Espagnols.

L'Espagne a été reprise aux musulmans. Les caravelles ont découvert le Nouveau Monde, Thomas More a publié l'*Utopie*, Grünewald achevé le retable d'Issenheim. Les troupes du roi de France sont descendues par Saint-Jean-Pied-de-Port, qui commande l'accès à l'Espagne par le col de Roncevaux, avant de marcher sur Pampelune. Le 19 mai, les Français sont entrés dans la ville par le pont à deux arches qui passe sur l'Arga. Au même moment, Luther comparaissait devant la diète de Worms.

*

À Pampelune on attendait la bataille. Dans la ville, entre la rivière et les hauts murs de la forteresse, régnait le curieux silence qui précède la guerre, quand le temps est suspendu et que seuls s'entendent ici ou là les bruits révélateurs de l'inquiétude, un volet qui claque, un enfant qu'on appelle, une course éperdue dans les ruelles ; puis il retombe. Parfois, une chanson se fait entendre, au-dessus des toits, comme un défi au sort.

L'armée française s'était établie de l'autre côté de l'Arga, sur les pentes, d'où montait une rumeur sourde et tranquille, et qui le soir se piquaient de mille feux. Dès son arrivée, un parti conduit par deux officiers était entré sans coup férir dans la ville et en avait pris possession. Puis les Français étaient repartis, plaçant des gardes sur les ponts et laissant à la milice urbaine le soin d'enfermer les habitants chez eux. Et personne ne s'arrêtait plus aux plaisirs du printemps, premiers oiseaux, vert tendre des feuillages, chaleur inattendue du plein midi, qui désormais paraissaient incongrus, presque cruels.

Au-dessus de la ville, mal protégée par un vieux rempart de pierres sèches, s'étendait la citadelle : une place centrale, la capitainerie, deux magasins, deux corps de garde et des emplacements d'artillerie. L'occupaient une centaine de Basques amenés par Inigo et son frère, et un peu plus d'un millier de fantassins espagnols. Ceux-là étaient les meilleurs soldats du monde, mais ils étaient mécontents de n'avoir pas touché leur solde et surpris par la facilité avec laquelle les Français avaient pénétré chez eux. Ils se battraient par habitude, parce que c'était leur fonction, et pas davantage. Le bon sens commandait de rendre la place et ils le savaient bien.

Inigo avait trente ans. Il avait été page de cour, puis il était devenu soldat. Il avait eu des duels, mais n'avait jamais vraiment combattu. Une époque nouvelle commençait pour lui. Le temps des madrigaux s'achevait.

C'était un petit homme au poil noir et dru, au profil coupant, au regard droit et fort que n'habitait aucun songe ; un homme sachant commander et convaincre, également doué pour la persuasion et la brutalité, décidé à s'ouvrir dans le monde un chemin de gloire sans trop regarder aux moyens.

*

En cette veille de bataille, Inigo prit à part ce compagnon d'armes dont l'histoire n'a pas retenu le nom, et entreprit de lui faire de sa vie une confession complète.

Il commença par la fin et s'accusa d'abord d'orgueil. La veille, les Français avaient franchi le pont de pierre et pris la ville. La citadelle seule résistait encore, et personne n'aurait jugé déshonorant qu'elle se rendît. La bataille était perdue d'avance. Les Français avaient cinq fois plus d'hommes et dix fois plus de canons. Pourtant, Inigo avait plaidé pour tenir jusqu'au bout, malgré l'avis de Beaumont, et celui de Herrera qui commandait la place ; tous deux étaient de vrais officiers, passés par le tamis de plusieurs guerres. Il les avait convaincus. Il avait même retourné les bourgeois, ces lapins ventrus qui ne pensent qu'à l'argent et aux douceurs du foyer. Il avait eu tort. Il eût été préférable de lâcher la ville et d'attendre les Français plus loin, et en force. Il avait manqué à toutes les règles, et d'abord à celles de la guerre.

Puis il y avait la colère. Elle le prenait souvent comme un vent qui élève et fait tourner une feuille morte. S'il pouvait la cacher, elle lui rongeait par moments les entrailles. La veille, les faces plates des officiers de profession et les faces veules des édiles de Pampelune l'avaient révolté. Fermant à demi les yeux, il avait vu, non pas des hommes, mais une masse de chairs détrempées par la fatigue et la peur. Ces gens avaient des pieds pour rester immobiles, des yeux pour ne pas voir, des bras pour les laisser pendre le long du corps, une tête qui ne pensait qu'à épargner. Épargner l'effort, l'argent, le peu de courage qui gît au fond de tout homme ; s'épargner soi-même.

La colère, du plus loin qu'il s'en souvînt, l'avait toujours accompagné. Lorsque, enfant, ses camarades voulaient lui imposer des jeux qu'il n'aimait pas, lorsque Madeleine obéissait trop vite à son frère, lorsque à Arevalo un regard ou une parole le blessaient. Il avait pris l'habitude de lui céder, s'emportant avec une rage glacée qui surprenait, tirant l'épée, versant le sang. Cette habitude le rendait mécontent de lui-même autant qu'il était mécontent des autres. Elle avait créé dans son âme un grand désordre. La colère se tournait aussi contre lui-même, et il n'y pouvait rien.

Demain, des centaines d'hommes mourraient par sa faute, car Dieu lui avait donné de l'éloquence, mais il en avait fait un mauvais usage. Il avait touché ces gens au cœur en leur parlant d'honneur alors que rien ne lui en donnait le droit. C'était au fond à lui qu'il avait pensé, et non à eux ; à sa réputation, pas à l'Espagne ou à la vie de ces pauvres civils apeurés et qu'un simple discours pouvait ramener à la confiance. Il n'était après tout qu'un gentilhomme à duels et à escarmouches et qui n'avait jamais connu le feu. S'il voulait se couvrir de gloire, c'était son affaire.

C'était un grand péché d'y avoir soumis par force tous ces gens. Et pour sa défense il ne pouvait même pas invoquer l'innocence de la jeunesse. Il n'était plus un innocent. Il avait observé le jeu des intrigues et la déchéance de Velázquez, son ancien protecteur. Il avait négocié avec ses compatriotes révoltés du Guipúzcoa et connaissait la puissance de sa parole sèche et précise, qui pouvait enflammer les consciences. Il savait que les hommes tombent lorsqu'on les frappe au bon endroit. Il avait découvert que le meilleur moyen de les convaincre était de mêler pour eux la vérité et le mensonge et de réveiller leurs passions secrètes. Il s'était cru longtemps audacieux et sensible. Il s'était découvert intelligent et, en même temps, prêt à tout pour satisfaire sa vanité. À présent, attendant le point du jour dans le silence préoccupé qui précède les batailles, où les pensées les plus diverses, et souvent les plus incongrues, se présentent à l'esprit, il devait s'accuser non seulement d'avoir laissé des fantômes lui dicter sa conduite, mais aussi d'avoir joué ce mauvais rôle de boutefeu contre lequel la charité aurait dû le prévenir. À quoi bon tant de messes, de processions, et les pieux souvenirs de son enfance, s'il fallait à la fin se comporter comme l'un de ces païens qui ne mettent rien au-dessus de leur réputation ?

Il avoua ses fautes contre la chair. Il savait bien, lui, que seul le désir de paraître auprès d'une femme auréolé du prestige, non pas même d'une victoire, mais d'une résistance désespérée, avait dicté sa conduite. D'une femme, ou de plusieurs, et la moins connue ne lui était pas la moins chère.

Ses compagnons de débauche l'avaient souvent moqué de s'être donné pour dame, comme dans les romans de chevalerie, une belle inaccessible. Le page aux cent passades, toujours prompt à culbuter jusqu'aux chambrières dans les escaliers d'Arevalo, s'était épris d'une ombre : celle de l'infante Catherine. Il l'avait aperçue à Tordesillas, enfermée, vêtue d'une robe de laine grise et regardant à travers les barreaux de sa fenêtre les bateaux qui glissaient doucement sur la rivière. Il lui avait voué de loin un amour digne de Lancelot. Aucun exploit ne valait s'il n'était accompli pour quelqu'un. Il avait découvert aussi que, au-delà d'un certain point, nul ne peut plus compter sur ses propres forces, et qu'on ne peut rien accomplir de grand, ni même s'exposer au danger et à la mort, si l'on n'y est pas conduit par l'amour, quel qu'en soit l'objet.

Ayant vu l'infante, il était revenu à Arevalo reprendre son service de page, et il était retourné avec le même plaisir aux étreintes volées qui faisaient ses délices. La chair, il devait bien l'avouer, l'avait tenu entièrement, de sa jeunesse jusqu'à ce jour. Et il devait avouer aussi que l'infante n'était peut-être pas le véritable objet de son amour de jeune homme. Qu'au moment d'affronter le fer et le feu des Français, ce n'était pas à l'infante qu'il pensait, mais à Madeleine de Araoz. C'était la femme de son frère Martín Garcia. Elle avait recueilli et élevé à Loyola cet enfant sans mère qui n'avait connu, jusqu'à dix ans, que les courses à travers le Pays basque et les masures des paysans. Elle était la beauté, l'intelligence, la piété mêmes. Il lui devait tout, et s'accusait d'avoir souvent pensé à elle autrement qu'il n'aurait dû.

Il parla longuement des années d'Arevalo, pendant lesquelles il avait oublié Dieu. Arevalo — la ville et ses prestiges — l'avait conquis. Il n'avait connu jusqu'alors que la campagne autour de Loyola, les jeux dans les pommeraies avec les petits paysans de son âge, l'eau fraîche et odorante des outres en peau, quand battent les tempes où coule la sueur après les longues courses dans la montagne. Ses camarades portaient les mêmes chaussons de corde que lui, mais n'oubliaient jamais qu'il était le dernier fils de Loyola, dont le grand château de pierre grise dominait le village. On voyait, gravé dans la pierre, le blason d'une famille âpre et généreuse et qui se croyait d'une espèce à part : deux loups noirs affrontés à un chaudron de même couleur. Rien ne décourageait ces deux bêtes efflanquées et féroces : ni que le chaudron soit brûlant, ni qu'il soit trop haut pour qu'elles puissent l'atteindre, le renverser. Elles étaient l'image même d'une violence désintéressée.

Tout cela ne comptait guère à Arevalo. Il n'y avait été qu'un jeune page parmi d'autres, puis le favori du trésorier de Castille. D'un côté apprenant la musique et à écrire en bon espagnol, accompagnant son maître à travers ses domaines, aux Cortès, à Tordesillas; de l'autre vivant parmi ses jeunes pairs, adonné comme eux aux petites intrigues de la vie de cour, aimant les femmes, attirant leur attention par sa promptitude à tirer l'épée. Il avait découvert à Arevalo un monde enchanté qui présentait sur l'autre, celui de la religion de son enfance, l'avantage d'être réel. On pouvait en jouir de manière immédiate et forte. On pouvait y être remarqué avec certitude. Il suffisait de porter beau, de ne rien céder, d'aller son chemin avec vigueur. Le plaisir d'être vu, vêtu à la dernière mode, de briller dans les concerts, les joutes et dans les lits, d'être comme chez lui dans cet univers que les pisse-froid franciscains décrivaient comme un repaire de serpents, où nulle âme n'était à l'abri du poison.

Qu'en savaient-ils, ces moines pour la plupart issus de la glèbe et auxquels il n'était que trop facile de renoncer à un monde dans lequel ils n'auraient jamais su trouver leur place? Bien sûr, il était arrivé qu'une orgie lui donnât le dégoût de lui-même; mais il avait surmonté ce dégoût comme on vainc une tentation, et sa jeunesse avait fait le reste, qui lui permettait chaque matin d'oublier le jour d'avant pour ne penser qu'à ses plaisirs et à la gloire future, puisqu'il suffisait de ne renoncer à rien pour tout atteindre.

Pourtant certaines fautes continuaient à le hanter, et il les énuméra à son compagnon silencieux. Il y avait cette jeune femme qui avait, seule, quitté Arevalo par de mauvaises routes et qui peut-être portait un enfant de lui. Comment le savoir, puisqu'il n'avait pas été son seul amant ? Il y avait cette querelle pour la cure d'Azpeitia, qui avait opposé sa famille et les franciscains, et à laquelle il avait pris part à coups d'épée, jusqu'à devoir comparaître au tribunal. Il s'accusa de lâcheté, parce qu'il avait prétendu, pour échapper à la justice civile et contre toute évidence, posséder la qualité de clerc. À présent le recteur nommé par les franciscains était mort assassiné, et il ne pouvait se juger tout à fait étranger à ce meurtre.

Il avait reçu à Arevalo des signes qu'il se reprochait d'avoir négligés, comme cet abcès au nez qui répandait une odeur infecte et l'avait fait un moment quitter la cour. Les médecins s'étaient avérés impuissants. Il s'était soigné seul avec des bains d'eau glacée. Pour la première fois la peur l'avait saisi. Était-il donc possible que cette odeur fétide fût celle de son âme et que Dieu intervînt dans la vie de ses créatures, pour leur montrer son pouvoir ?

Peut-être la disgrâce de Velázquez avait-elle été l'autre de ces signes auxquels il aurait dû prêter attention. Car l'étoile de Velázquez avait pâli d'un coup. On devait la voir mal, de Bruges ou de Gand d'où venaient les conseillers du nouveau roi. Le trésorier avait pris le parti des villes. Il avait eu tort. Rien ne comptait plus désormais que d'abaisser villes et féodalités pour faire naître l'État. Cisneros, le cardinal-régent, l'avait compris. Velázquez avait dû se plier aux ordonnances royales et se rendre à

Madrid pour y mourir en disgrâce, couvert de dettes, poursuivi par la haine des courtisans. Inigo lui était resté fidèle, tout en se promettant de ne jamais quitter, à l'avenir, le bon parti. Mais de quel parti pouvait-on être sûr qu'il fût le bon, et destiné à le rester ? À voir la fin misérable de son bienfaiteur, un soupçon l'avait saisi. Peut-être l'ordre auquel il avait cru n'était-il à la fin qu'une chimère. Peut-être les intérêts de Dieu, du roi, des grands et des serviteurs de ceux-ci n'étaient-ils pas absolument les mêmes. La plaie de son nez lui avait fait examiner sa vie. Y avait-il un enseignement à tirer du destin de Velázquez ?

Inigo ne voyait pas lequel. Dieu après tout l'avait fait gentilhomme, et Dieu avait établi le roi qu'il devait servir. S'il lui avait donné cette ascendance et cette énergie, s'il avait armé son bras et l'avait introduit dans le monde des cours, était-ce donc pour qu'il négligeât tant de devoirs et de bienfaits et s'allât enfermer dans un couvent ? Prêcher la bonne parole à ces pauvres qui n'étaient pas de meilleurs animaux que les riches ? Au moins les riches étaient-ils parfois généreux. Il n'avait jamais rencontré la vieille indigente dont parle l'Évangile, celle qui donne ce qui lui est nécessaire pour vivre. Quelques semaines auparavant, il avait négocié avec les insurgés basques du Guipúzcoa. Il avait vu les maisons dévastées, les pauvres se déchirant entre eux pour quelques vivres. On ne pouvait les en blâmer. On ne pouvait pas non plus les donner en exemple, ou laisser croire qu'il y eût de la gloire à les servir. C'étaient de mauvais maîtres, bien pire que les dignitaires auxquels il avait voué sa foi. Eux au moins étaient parfois reconnaissants, et capables d'un geste innocent et gratuit. On avait déjà vu des saints devenir pauvres, mais jamais un pauvre devenir saint. Il ne voyait pas qu'il pût être appelé à une autre vie que la sienne et espérait seulement que son courage et sa fidélité lui seraient comptés au jour du Jugement.

Et pour finir, puisqu'il ne devait rien cacher devant Dieu, c'est-à-dire devant l'étrange ministre qu'il s'était choisi, il lui avoua qu'il s'irritait de le voir demeurer silencieux.

Il eût admis d'un prêtre qu'il ne s'étonnât de rien, avant de lui infliger une dure pénitence. Aucune ne lui eût paru trop sévère, non qu'il se crût un plus grand pécheur que d'autres, mais parce qu'à un homme qui doit affronter une bataille les perspectives sont différentes. Si la guerre le laissait en vie, et plus encore si elle lui apportait la gloire, il se fût rendu pieds nus à Compostelle sans en souffrir.

Un prêtre taiseux, passe. Mais ce reître énigmatique qu'il connaissait à peine, il eût aimé qu'il s'indignât puisqu'il ne pouvait pas l'absoudre. C'était un Navarrais fait prisonnier par les milices basques et qui avait changé de camp. Peu lui importait le parti pour peu qu'il eût de quoi boire, un bon cheval et quand la lame froisse les chairs, c'est toujours la même douleur. Il parlait un méchant espagnol et Inigo n'était pas sûr qu'il l'eût compris.

Quel homme peut en comprendre un autre ? Les mots qu'on emploie pour décrire des sentiments ressemblent à des taxes : on les acquitte, les marchandises circulent, mais personne ne sait ce qu'elles sont. Moins que tout autre, cet homme à la face de bois qu'éclairaient les dernières flammes du brasier pouvait se représenter Arevalo ou le sourire de Madeleine de Araoz. Un prêtre du moins aurait su trancher, et ramener tout cet inconnu des passions à quelques mots très graves, mais la garnison n'en comptait aucun. Pourquoi avait-il été chercher ce soldat dont il n'avait rien à attendre ? La colère le prit ; alors il se reprocha sa colère et demanda pardon à son confesseur de l'avoir méprisé.

Pour finir il lui dit combien il se sentait coupable de ne pouvoir devenir meilleur, quand bien même l'eût-il souhaité, et que ses fautes demeurassent toujours devant ses yeux, comme il arrive à ceux qui n'ont confiance en personne. Alors qu'il prononçait ces paroles, il se vit dix ans, trente ans plus tard, adonné aux mêmes passions, éprouvant les mêmes sensations. Il avait déjà remarqué cette espèce d'entêtement de la chair, mais jusque-là il s'en était réjoui comme d'une marque de force et de sûreté de soi : le plaisir du vent froid au matin des chevauchées de printemps, de l'éclat d'une belle épée qu'on tire, de voir une jolie nuque ou de rêver après un sourire furtif, de s'endormir en s'imaginant comblé par la gloire et les femmes. Un doute était né pourtant dans son esprit. Il n'était plus aussi sûr d'être seul au monde. À côté de lui des milliers d'hommes partageaient ces impressions-là et en vivraient jusqu'à la fin, chacun enfermé dans ses manies comme un enfant. Ces rêves-là étaient les rayons d'étoiles mortes. Il n'y avait aucune liberté à les poursuivre et seulement du chagrin à les chérir.

Il se leva brusquement. Le reître avait compris que la confession s'achevait. Il prit un peu de la poussière grise du sol, terre et cendre mêlées, et la répandit derrière Inigo. C'était le geste que faisaient les lansquenets allemands avant la bataille et par lequel ils s'interdisaient de reculer. Inigo sourit à cette étrange absolution, lui frappa l'épaule et regagna la capitainerie. Le Navarrais regarda s'éloigner cet homme dur, dont on disait qu'il avait empêché la reddition de la ville. Il n'avait presque rien compris de ses paroles, mais l'avait trouvé plus tourmenté qu'un soldat ne doit l'être. Il haussa les épaules et étendit ses mains vers le feu.

Les volontaires basques dormaient au pied du bâtiment, roulés dans leurs manteaux de laine grise, autour des brasiers, un côté exposé à la chaleur et l'autre au froid. Dans la nuit épaisse, les reflets mordorés du camp des Français passaient parfois, comme des vagues, au-dessus des vieux remparts et le vent léger du printemps portait jusqu'à Inigo le cri régulier des sentinelles. Il s'allongea au bas de l'escalier, la tête appuyée sur la dernière marche, ramena, en la tenant à deux mains, son épée sur sa poitrine, et s'endormit pour un sommeil sans rêves.

*

Il s'éveilla seul un peu avant le jour et dut faire effort pour chasser une sorte d'inquiétude. Les premières lueurs de l'aube faisaient pâlir les feux des Français. L'ennemi dormait jusqu'à mi-pente, et le sol était jonché de centaines de chrysalides brunes. Inigo monta sur le toit de la capitainerie, d'où il pouvait voir les terrasses où, la veille, il avait fait porter les quelques canons dont la garnison disposait. Le sol avait été aplani à la dame de paveur. Tout était prêt à présent. Les artilleurs dormaient près de leurs tubes. L'esprit à nouveau libre, Inigo ne pensait à rien d'autre qu'à l'instant où la bataille s'engagerait. Après quoi il suffirait de se laisser porter, au gré des incidents du combat.

Une sourde exaltation s'emparait de lui. Aucune bataille n'était perdue d'avance. Il suffisait de ce qu'on nomme la fortune de guerre, et de quelque courage, pour disperser les armées les plus nombreuses, et il rentrerait triomphant chez le duc de Najera, et peut-être même à Madrid. Elle était là, sa forêt de Brocéliande, visible à ses seuls yeux dans la campagne sèche qui frémissait au matin. Il pensa à son père mort après avoir combattu les Maures, à son frère bravant les dangers du Nouveau Monde. Le sang qui lui battait aux tempes ne lui appartenait pas mais venait d'un long passé retourné, travaillé, sarclé par l'honneur. Inigo ne serait pas vaincu et, s'il l'était, ne serait pas trouvé indigne.

Les soldats se levaient, silencieux, le visage dur et las. Les volontaires basques buvaient à la gourde un peu de vin coupé d'eau. Inigo s'approcha d'eux, leur dit quelques mots dans leur langue. Ils rirent ensemble. Les bas-officiers de l'armée régulière firent relever les sentinelles. Un frémissement parcourut la place avant même qu'aucun coup de canon n'eût été tiré. Certains hommes éprouvaient la souplesse de leurs lames. Les artilleurs goûtaient la poudre pour s'assurer qu'elle fût sèche. On se penchait au-dessus des remparts, scrutant l'ennemi qui, lui aussi, sortait de son engourdissement au travers des derniers lambeaux de la nuit.

Un feu de Bengale parti des bords de la rivière s'éleva dans le ciel gris. À peine s'effaçait-il au-dessus des murailles que la canonnade commença.

Il y eut cinq, dix, vingt départs de coups, suivis par le sifflement des boulets de fer. Inigo n'avait jamais entendu le canon et s'avouait incapable de deviner leur trajectoire. Revenant en sueur d'avoir placé ses postes, le capitaine Herrera, qui était un vieil officier monté par le rang, lui expliqua que, d'après les bruits, les Français s'attaquaient au pied de la muraille en contrebas. Ils avaient dû calculer leurs distances la veille avec le plus grand soin. La muraille était verticale, faite de pierres couvertes d'une végétation sèche qui les descellait par endroits. Après quelques heures, l'artillerie en aurait rompu l'équilibre et elle s'effondrerait sûrement, au droit de la capitainerie. Herrera était surpris par la variété des calibres. Les Français ne s'étaient pas contentés de l'artillerie de campagne. Ils avaient apporté des pièces fixes, qui tiraient d'énormes boulets de trente livres, et dont l'aboiement rauque faisait trembler la vallée.

Inigo et le capitaine se postèrent sur les terrasses et firent diriger vers les batteries françaises les couleuvrines de la forteresse. Un coup direct réduisit un canon ennemi au silence, mais les Français avaient l'avantage du nombre, et rien ne pouvait empêcher leur feu roulant de poursuivre son œuvre. C'était un duel de soldats : les boulets passaient en pluie au-dessus de la ville silencieuse où les habitants se terraient, heurtant la citadelle où les Espagnols attendaient l'assaut. Le canon frappait les murs comme un bélier, et les armées demeuraient immobiles dans le vacarme jusqu'à l'effondrement. Le soleil était haut dans le ciel, et le temps suspendu.

Les soldats se tenaient groupés à leurs points de rassemblement. Quelques-uns, penchés sur le rempart, tentaient de deviner les premiers mouvements de l'ennemi. D'autres s'étaient assis, le morion à côté d'eux. Certains priaient, la hallebarde appuyée à un mur. Leurs visages étaient fermés sur une sorte de contemplation bizarre dont le secret n'était pas déchiffrable ; mais ces silences étaient parfois rompus par un juron, par de terribles blasphèmes aussi, lorsque le boulet sifflait tout près au-dessus des têtes.

Un peu avant midi, la canonnade ayant détruit un pan du mur d'argile à l'ouest, les sentinelles de Beaumont, qui commandait les réguliers espagnols, virent un parti de cavaliers franchir en trombe le pont sur l'Arga et, laissant la ville à leur gauche, se porter vers le mur à travers jardins et vergers. La moitié d'entre eux portait un bonnet noir et de longs bâtons ferrés. C'étaient des estradiots albanais. L'autre moitié portait des chapeaux de feutre et de petites arquebuses dans les fourreaux de cuir bouilli, à droite de la selle. Ils galopèrent vers l'est sur un chemin de terre qui longeait la rivière, puis poussèrent leurs chevaux sur la pente vers le mur effondré. La pente était raide et coupée d'arbustes. Beaumont plaça en hâte une compagnie d'arquebusiers sur la hauteur. Les chevaux peinaient dans la broussaille et Inigo admira l'absurde courage de ces cavaliers.

Le feu les enveloppa alors que les premiers d'entre eux atteignaient les éboulis du mur, courbés sur leurs chevaux soufflant. La décharge fut terrible. La plupart des Albanais tombèrent. Les hommes aux chapeaux de feutre tirèrent leurs arquebuses et visèrent au jugé vers les hauteurs, sans pouvoir atteindre personne. À l'aboiement rauque des bas-officiers espagnols, une deuxième salve en étendit quatre, et tout le parti tourna bride en désordre, les chevaux trébuchant dans la pierraille. Obéissant aux ordres de Beaumont, trois soldats passèrent par l'éboulis pour ramener des prisonniers. Bien que Herrera prétendît l'en empêcher, Inigo les accompagna, suivi par deux de ses Basques. Ils franchirent les blocs de pierre et descendirent à mi-pente. À leur gauche, le canon continuait de tonner, comme un poing de fer frappant à une porte, et de hautes colonnes de poussière s'élevaient du pied des remparts. Les casques ennemis luisaient au soleil en contrebas, et la masse indistincte de l'armée bougeait confusément, traversée d'éclairs, dans une rumeur impatiente.

Quelques chevaux démontés erraient parmi les pommiers. Une vingtaine de corps jonchaient le sol. Un blessé rampait pour s'enfuir, dont la cuisse n'était plus qu'une plaie. Inigo s'approcha d'un homme à bonnet gris que l'arquebusade avait défiguré. On lui voyait le palais à nu et sa poitrine se soulevait faiblement. Il se penchait sur lui quand l'un des Basques l'égorgea simplement en disant : « C'est pitié. »

Inigo ramassa le lourd bâton ferré de l'estradiot et commença de remonter la pente. Les réguliers ramenaient un prisonnier à demi assommé d'être tombé sous son cheval mort. Une arquebusade partie du petit bois leur fit à tous courber les épaules, puis deux sifflements leur indiquèrent que les Français avaient tourné vers eux quelques pièces de campagne. Le premier coup frappa les arbres, et le second brisa des pierres à cent mètres d'eux. Pour la première fois, Inigo ressentit la peur qu'on éprouve à la guerre et qui vous coupe les jambes. Il dut faire effort pour ne pas courir et continuer de marcher debout vers le rempart. Sa gorge était sèche et sa poitrine le brûlait. Suffoquant, il déboutonna sa casaque de cuir et s'appuya sur le bâton ferré. Enfin ils passèrent la brèche. Le prisonnier fut amené à Beaumont. C'était un Albanais qui ne parlait aucune langue et qu'on enferma dans une cave. La canonnade continuait.

Inigo retournait entre ses mains la canne de l'estradiot. On l'avait taillée dans une lourde branche de robinier, et ferrée aux deux bouts. Ces cavaliers savaient la faire tourner au bout du bras et, lancés au galop, s'en servir comme d'un casse-tête. Il revit le visage informe de l'agonisant, cette face déchirée par la mitraille, levée vers le ciel, et le geste bref qui avait mis fin à son supplice. La poitrine qu'un lent halètement soulevait, devenant tout d'un coup immobile et semblant se réduire, comme prise dans un étau.

Il se reprocha de n'en avoir pas dit assez à son compagnon d'armes. Il ne lui avait avoué que des fautes visibles, bien nettes, sur lesquelles tout le monde pouvait mettre un nom : des galets sur une grève. Il n'avait pas évoqué ce tuf dans lequel ces fautes étaient prises, la pâte dans laquelle elles avaient levé. Comme s'il eût été encore en train de se confesser, il cherchait des comparaisons qui eussent permis à l'inconnu de comprendre. Il voyait mieux soudain que ces fautes n'étaient pas séparables de certaine façon de vivre, qui les avait rendues possibles, si bien que si la faute lui semblait grave, ce n'était pas seulement à cause de l'acte lui-même et de ses conséquences, mais à cause de cette espèce de sombre lumière qui l'enveloppait, et qui envelopperait toujours à l'avenir les fautes de même nature qu'il ne pourrait s'empêcher de commettre. La faute commençait avant la faute, dans ce tremblement où se mêlaient la gaieté, l'espoir, la jalousie et le chagrin qui le prenait au moment même où une femme commençait de l'attirer ; dans les rêveries sans fin où il jouissait qu'on l'admirât de pouvoir tout sacrifier pour son roi, sauf son honneur, dont il ne pourrait jamais se déprendre ; dans sa rage sourde à se frayer, à coups d'épée, un chemin vers il ne savait quoi, dans ce désir d'un royaume qui serait le sien et dont il avait pourtant, parfois et de manière fugitive, ressenti l'indicible tristesse.

Le canon continuait de labourer la muraille. Parfois, un boulet s'égarait dans les hauteurs, frappant l'un des bâtiments de la citadelle ou soulevant en pleine cour une gerbe de poussière jaune. Les soldats levaient à peine la tête et murmuraient entre leurs dents de sombres paroles de révolte ou de pieuse résignation. L'artillerie donnait depuis déjà deux heures et le soleil était haut. La sueur ruisselait sous les casques. Inigo était l'un de ces soldats, un membre de ce grand corps de fer et de cuir immobile sous le feu. S'il avait rêvé d'exploits, il n'avait jamais songé à cette obéissance-là, où le soldat se soumet à la guerre comme à une tempête, sans qu'il lui soit possible de se réfugier en lui-même.

Inigo marchait à pas lents de la capitainerie aux remparts, échangeant quelques mots brefs avec Herrera, qui surveillait avec conscience la batterie espagnole à laquelle les boulets allaient bientôt manquer. Il vit son compagnon de la nuit dégager de sous une poutre un fantassin surpris par l'écroulement d'un mur. Ce fut alors que Beaumont, qui revenait d'inspecter la muraille, leur dit qu'elle ne tiendrait plus guère. Inigo considéra avec amitié ce colosse au visage abîmé et placide, qui se tenait bien droit, bedaine en avant, dans sa casaque de cuir fauve maintes fois rapiécée, graisseuse et usée par le frottement des armes. Il avait vu bien des batailles et Inigo se demanda si l'issue de celle-là l'intéressait encore. Il faisait son métier de soldat, sans passion et sans haine. Inigo s'en voulut de l'avoir méprisé. Herrera était différent, plus nerveux, habité par l'envie d'en découdre mais plus prompt aussi à se décourager. À l'autre bout de la place, les bras ballants, il contemplait, comme hésitant sur le parti à prendre, les préparatifs de l'ennemi.

Dans un long piétinement, les bandes françaises se mettaient en mouvement sur les pentes de la citadelle. Les arquebusiers protégés par des rangées de piques formaient la ligne au débouché des arbres.

Dans un bruit d'avalanche, le mur de l'ouest s'effondra en partant du sol, un torrent de pierres sèches et de broussailles glissant sur la pente jusqu'aux lignes françaises dans un épais nuage de poussière blanche. Un hurlement s'éleva des rangs ennemis. La piétaille commença de monter vers la brèche, des groupes d'hommes *en enfants perdus*, suivis par les lansquenets allemands. Des cavaliers les dépassaient, éperonnant dans la pente leurs montures en sueur. Beaumont avait groupé les réguliers autour de la brèche et les arquebusiers souffletaient de mitraille cette vague sans fin. L'artillerie française continuait de frapper, mais plus haut, sur les arrières de la garnison. Inigo regardait les fantassins progresser, courbés, dans le sifflement des boulets et l'aboiement sec de la mousqueterie. Plusieurs centaines déjà jonchaient le sol, mais la victoire était à leur portée. Beaumont près de lui maugréa que s'ils ne tenaient pas la brèche, la ville serait perdue avant le soir. Il y avait dans sa voix comme un reproche à l'égard du jeune courtisan dont les belles paroles l'avaient amené à ce combat sans issue. Ce serait lui, Beaumont, et personne d'autre, qui devrait bientôt rendre la place et se couvrir de honte.

Inigo fut soudain transporté par un élan de colère et d'exaltation. Les premiers casques français apparurent dans les éboulis. Un grand vacarme se fit entendre à sa droite : un fort parti de Français avait apporté des échelles sous les terrasses de l'artillerie, sans que personne ne les eût aperçus, et prenait pied sur un escarpement, massacrant les défenseurs, brisant les roues des canons et précipitant dans le vide les gabions de la batterie, les tubes et les cadavres. Il vit Herrera se porter en vain au secours de ces malheureux, suivi d'une petite escouade d'Espagnols, parmi lesquels son confesseur navarrais, qui fut tué net d'un coup d'arquebuse tiré presque à bout portant.

Inigo, l'épée au vent, courut vers la brèche où se pressaient désormais les piquiers français. Il courut sans hâte, déterminé, tout emporté par une passion froide, suivi de ses Basques et d'une compagnie d'Espagnols heureux de lutter sous un tel chef. Devant cette troupe aux visages âpres et résolus, les piquiers mirent un genou en terre pour résister au choc. L'artillerie mal dirigée continuant de frapper les pentes, elle atteignait indistinctement assaillants et défenseurs et, trois coups ayant frappé les derniers rangs des Français, une bonne centaine des piquiers de flanc-garde se débanda, refluant vers le bois dans les cris des blessés. Une odeur de sang, de mort et d'urine imprégnait le paysage. D'un œil calme et précis, Inigo jugea que ce reflux lui offrait une chance inespérée. Hurlant un ordre bref, que seuls les soldats placés juste derrière lui entendirent, à cause du roulement ininterrompu des tirs, il contourna d'un bond la pointe de l'attaque française pour entrer dans la mêlée par le flanc, là où l'ennemi retraitait en désordre. Les yeux brûlés par la sueur et la poudre, il distingua trois lansquenets à demi assommés qui se retournaient vers ces ombres jaillissantes qui les prenaient à revers. Il y eut alors un sifflement que ses compagnons entendirent seuls. Un poing de fer enleva Inigo vers le ciel, dans un silence terrible où s'abolissaient les bruits du combat, la muraille s'éleva derrière lui dans une orbe soudaine, la terre vint à sa rencontre comme pour l'étreindre, et une douleur d'une puissance inconnue le terrassa.

*

Inigo s'éveilla couché contre un mur de la capitainerie, et pendant un temps tout l'empêcha de reprendre conscience. L'espèce de tenaille invisible qui lui broyait la jambe, dont il voyait l'os blanc au travers des chairs dans l'étoffe déchirée ; le soir qui tombait sur la place et en faisait un capharnaüm d'ombres étrangères ; le calme, le désœuvrement qui suivent les batailles, ce drôle de soulagement dans lequel communient vainqueurs et vaincus ; la rumeur des Français, qui parlaient une langue qu'il ne comprenait pas ; tout se fondait dans une brume douloureuse.

Un Basque qui veillait sur lui le couvrit de son manteau.

Inigo voulut se redresser et n'y parvint pas, terrassé par la souffrance. D'un geste, son compagnon lui montra les cadavres que des hommes de pied entassaient dans des charrettes. Exaspérés par la résistance de la place, les Français avaient massacré ses défenseurs. Une lueur montait de la ville en contrebas. Ils la pillaient sans doute, à présent que la citadelle s'était rendue.

La défaite était là, complète et amère. Herrera et Beaumont avaient disparu. Les romans de chevalerie étaient loin. Inigo n'avait croisé le fer avec personne, et n'avait même jamais regardé un ennemi dans les yeux. Un boulet anonyme l'avait couché, comme des centaines d'autres, sans exception de naissance ou de courage. Son confesseur navarrais avait reçu un coup d'arquebuse. De tous ces morts autour de lui, combien avaient péri dans un combat véritable ? La lâcheté l'emportait. Dix ans avant, on coupait encore les mains des arquebusiers faits prisonniers. Ces temps étaient révolus. Une immense fatigue le prenait à présent que tout était perdu, pas seulement la place, mais aussi l'honneur. Non le sien, qu'il avait conservé et qui lui était désormais inutile, mais l'honneur des armes. Qu'en restait-il au milieu de cette ville éventrée de loin, de ces soldats étrangers qui envahissaient une place qu'ils n'avaient pas vraiment conquise ? Des pensées imprécises et amères le tourmentaient. Il s'étonnait qu'il n'y entrât aucune colère. Comme son compagnon lui faisait boire du vin coupé d'eau, un nouvel accès de douleur, plus vive cette fois, le fit s'évanouir.

Il s'éveilla dans la nuit noire que trouaient les feux de l'armée. Aux coins de la place s'élevaient des brasiers et

44

des rires ; les rires étaient grossiers et conquérants. Les cadavres avaient disparu. Autour de lui se tenaient une dizaine d'hommes que leurs dentelles et leurs pourpoints désignaient comme des seigneurs et qui avaient le chapeau bas. Un homme parlait à l'oreille de celui qui semblait le plus important et se tenait au centre. Il portait une simple casaque de cuir sang de bœuf et tenait à la main un chapeau plat et informe, comme un bonnet de cour que les batailles auraient usé. Des cheveux sans apprêt, gris de poussière, encadraient une belle tête de paysan, dont le regard froid et net contrastait avec le sourire satisfait d'une bouche sans lèvres. Un seigneur qui parlait espagnol s'avança, et présenta Inigo à André de Lesparre, comte de Foix, commandant l'armée de Guyenne. Inigo voulut se lever, appuyé sur son Basque, mais les Français l'en empêchèrent avec mille prévenances et ce fut assis qu'il reçut les compliments du vainqueur. Maîtrisant à grand-peine sa souffrance, il y répondit selon l'usage.

Le Français considérait avec curiosité cet homme encore très jeune, dont la barbe mangeait le visage jusqu'aux yeux à la fois agrandis et creusés par la douleur. On voyait l'os de sa jambe brisée, mais son torse était aussi droit que s'il se fût trouvé debout pour une révérence de cour. Lorsque Lesparre s'était étonné de la résistance désespérée de la place, un seigneur navarrais qui avait des amitiés dans la ville lui avait appris le rôle qu'Inigo avait joué : un jeune hidalgo, d'une famille passablement obscure, bien qu'ancienne et belliqueuse, avait à lui seul compromis ses plans durant quelques heures. Il avait voulu en apprendre davantage, mais on savait peu de choses de cet adversaire-là. C'était, semblait-il, un page de l'ancien trésorier de Castille, passé au service du duc de Najera, et qui s'était signalé en écrasant dans l'œuf une rébellion locale, puis en négociant habilement avec des *comuneros* basques.

Lesparre se pencha sur lui, s'enquit de son état, lui demanda, par le truchement du Navarrais, si cette bataille était la première qu'il soutenait. Inigo avait trop d'orgueil pour être fier. Il répondit avec simplicité qu'il espérait que Dieu et son roi lui donneraient une autre occasion de prouver sa valeur, mais que cette défaite lui était moins pénible d'avoir été infligée par un capitaine aussi illustre. Les autres gentilshommes gardaient le silence. La nuit qui tombait et que trouaient les feux du pillage lui faisait un fond de Jugement dernier. Inigo s'évanouit encore, et c'était comme si un témoin invisible eût interrompu ce face-à-face.

Lesparre considéra un moment cette courte forme brisée effondrée sur les marches. Il posta près du corps d'Inigo l'un des seigneurs de sa suite, pour y rester jusqu'à ce qu'une escorte revînt prendre le blessé et l'amener au camp français. Il eut quelques mots dédaigneux sur les Allemands de son armée qui, fâchés d'avoir eu peur, se vengeaient en égorgeant des prisonniers sans défense et rendit la sentinelle responsable de la vie d'Inigo. Le seigneur était un jeune homme très maigre, entièrement vêtu de noir, et dont une large blessure figeait la face dans un perpétuel sourire. Il s'inclina devant Lesparre en une promesse muette et le général français repartit songeur, au milieu de sa cour bruyante et qui daubait gaiement sur les lansquenets.

*

Au point du jour, une petite troupe emmenée par un aide-chirurgien vint prendre Inigo pour le transporter sur les pentes herbeuses qui entouraient la ville, de l'autre côté de l'Arga. Il leur fallut deux heures pour descendre le brancard. Inigo souffrait moins et put échanger quelques mots avec l'homme au sourire blessé qui l'accompagnait. Il tardait à ce gentilhomme de repartir se battre. Il espérait que Lesparre se porterait vers la Castille et qu'il serait admis dans l'avant-garde. Inigo l'écoutait, affligé de se trouver mis au rebut — une épave sur une grève.

Pour lui désormais, le temps n'était plus le même que pour les autres soldats. Il n'avait jusque-là jamais mesuré l'avenir. Il avait vécu d'un présent de chevauchées, de discussions, de coups d'épée, un présent aiguillonné par la guerre et poussé par elle dans le néant du passé, mais qui pourtant existait seul. Il s'était trouvé, d'une certaine façon, hissé au-dessus du temps. Il n'y avait rien au-delà du présent, sauf une vague promesse de gloire. Tout cela était loin. Le présent l'avait oublié, et lui en préférait d'autres. L'avenir lui apparaissait si long, si lent, si plein de méandres immobiles qu'il en ressentait un écœurement nouveau. Peut-être devrait-il rester vingt, trente, cinquante jours dans l'une de ces tentes blanches qui piquaient la campagne. Dans ce monde nouveau où régnait un temps nouveau, il serait tout à fait seul. Si les hommes victorieux habitent tous un même royaume, découvrait-il avec étonnement, les hommes défaits habitent chacun son petit État particulier, dont les lois de misère et d'attente ne se comparent jamais aux autres. Il refusa de se coucher dans sa tente et se fit apporter un fauteuil. Là, assis en compagnie du seigneur défiguré, il regarda s'éveiller le camp. Pour les soldats français, cette ville n'était plus rien déjà qu'un grenier, un magasin de vivres et de fourrage. Conquise, elle avait disparu. Le nouveau compagnon d'Inigo frappait de ses longs doigts noirs de poudre sur le tambour de lansquenet où il était assis, au rythme des fifres qui sonnaient la diane. Chez lui tout était bordé de noir, ses bottes, son pourpoint, son visage et ses ongles, et son visage tourmenté brillait d'un éclat lunaire. Il brûlait de s'en aller. Ils burent du vin basque, et le Français feignit de le trouver bon. Ils se moquèrent des chirurgiens. C'étaient de tristes bougres de basse extraction, tout juste bons à couper les cheveux et à donner des cataplasmes. Rien à attendre de ces gens-là. Tout au plus savaient-ils scier la jambe du pauvre hère assis sur un tambour, très vite avant qu'il ne crève sous le choc. Pour le reste, s'ils avaient affaire à une jambe brisée, ils la laissaient se consolider toute seule en recommandant la lecture des psaumes.

Inigo et son compagnon avaient à peine échangé quelques phrases sur ces incapables qu'ils les virent monter vers la tente. C'étaient les chirurgiens de Lesparre lui-même. Le jeune homme en connaissait un, le premier, grand joueur de dés et qui faisait profession d'ignorer Dieu, paresseux et gai. Le deuxième, aux airs de régent de collège, avait été prisonnier des barbaresques. Il en vantait la supériorité dans les sciences ; mais comme il avait mal profité de leurs leçons et tuait ses patients avec une belle régularité, il ne sortait plus la nuit sans escorte, de crainte que les soldats ne l'assassinassent par précaution. Le troisième portait les instruments des deux autres et rêvait seulement de rentrer chez lui, dans le Gévaudan, où il s'essayait à dresser des loups.

Bien carré dans son fauteuil de campagne, Inigo les reçut comme un prince, leur fit ses compliments et leur offrit en souvenir son corselet et son bouclier. Aussi acceptèrent-ils de le laisser en paix. Quand ils furent partis, le nouveau compagnon d'Inigo, aidé du Basque, lui mit sur la jambe un cataplasme froid mêlé d'opium. Il en avait dans ses bagages, parce qu'il s'en mettait lui-même lorsque la blessure de son visage, qui était récente, devenait douloureuse. Privé de la douleur à laquelle il s'était habitué, Inigo s'endormit aussitôt.

Il ne s'éveilla qu'à cinq heures. Un soleil mélancolique descendait sur la vallée. Aidé par le Basque, il s'assit à nouveau devant la tente, le cœur au bord des lèvres. Il souriait pourtant, heureux à la fois d'avoir évité les chirurgiens et de leur avoir montré de la générosité en leur abandonnant ce qui lui restait, une pièce d'armure, un bouclier. Il ne possédait plus que deux épées, l'une de cour et l'autre de combat. Il remit à son compagnon son épée de combat quand celui-ci vint prendre congé de lui. Lesparre avait accédé à son souhait et le détachait à l'avant-garde. Appuyé sur l'épaule du Basque, Inigo se leva pour le regarder partir. Le camp s'était vidé. De vieux soldats jouaient aux dés. Les Français se portaient vers la Castille. Il s'étonna de n'éprouver aucune colère, aucun regret. Il lui semblait que ce gentilhomme français qui descendait vers le sud avec cette épée qui avait été la sienne emportait, même s'il n'appartenait pas à son camp, tous ses espoirs. Il les lui avait confiés. Il s'était libéré d'eux. Et puis un clou de fer lui déchirait la jambe à intervalles réguliers, lui interdisant d'éprouver quelque sentiment ferme et durable que ce fût.

Il passa deux jours dans ce camp à demi désert, face à la haute muraille effondrée sur laquelle il avait combattu. Les officiers français étaient partis. Il ne restait que des gardes-voies, des éclopés, et les servants des canons les plus lourds, qu'on avait laissés sur place. Ils s'enivraient chaque soir, et le bruit de leurs chants se mêlait aux plaintes des blessés, qui sont toujours un peu plus fortes avant la nuit. Inigo apprit à l'oreille la ballade, qui se chante en canon, du *Gai luron des Flandres*.

Il essaya par deux fois de se lever, un matin à l'aube, alors qu'il souffrait moins qu'à l'ordinaire, appuyé à l'épaule de son Basque, mais le corps tout entier lui manqua et il dut s'avouer vaincu pour longtemps. Il voulut prier la Vierge, mais ses prières tournèrent court. Il ne savait pas que lui demander. Il avait désiré cette guerre, ce combat, et en avait accepté par avance les blessures. Il lui eût paru indigne d'être soudain déchargé des souffrances qui en avaient résulté, de ces douleurs de soldat qu'il devait, non à la Providence, mais à sa liberté seule. Il passait de longs moments assis, la jambe étendue, posée sur un tambour, face à cette muraille, l'esprit vide, c'est-à-dire traversé sans cesse de pensées inutiles et confuses et dont seuls des éclairs de douleur venaient un instant interrompre le cours. La muraille effondrée se transformait avec les heures. Le matin, elle semblait fumer dans la brume, comme si la bataille venait juste de prendre fin. Le soir, on eût dit le vestige d'un très ancien combat, adouci et civilisé par le passage du temps.

Puis un mestre de camp dépêché par Lesparre vint lui offrir une litière et une escorte de prisonniers libérés afin qu'il pût rentrer chez lui. À celui-là Inigo lui offrit ses bottes, dont il n'aurait plus l'usage avant longtemps. C'étaient des bottes en cuir de Cordoue, travaillées à la mode mauresque, et l'officier les reçut avec gratitude. Il lui conseilla de rentrer en traversant les montagnes, par le chemin le plus court. Les prisonniers libérés accueillirent cette suggestion avec faveur, mais après que le Français fut parti, Inigo les persuada d'y renoncer. De Pampelune à Azpeitia, la route était jalonnée de villages occupés par les Français, qui pourraient leur faire un mauvais parti. Pour l'heure il ne s'agissait plus de combattre, mais de revenir chez eux. Des espoirs plus humbles les faisaient désormais vivre, et Inigo, dont l'esprit était resté clair et froid, n'en éprouvait pas d'amertume.

Ils prirent leur maigre bagage et partirent à la fin du jour, sans remettre au lendemain, tant était grande leur hâte de commencer la route. Le ciel était pourtant couvert, et un violent orage éclata avant que Pampelune n'ait même disparu à l'horizon, ce qui obligea la troupe à chercher refuge dans une grange où Inigo s'évanouit sur la paille. Ils décidèrent d'y rester. À l'aube, le temps était clair. Le convoi longea par l'ouest les montagnes du Pays basque. Quatre hommes se relayaient pour porter la litière de fortune d'où le blessé voyait reculer le paysage, vers Pampelune et ses rêves de gloire. Il y avait moins d'un mois qu'il avait chevauché vers la ville. Le temps lui semblait avoir changé de nature : non plus torrent

comme autrefois, mais cours d'eau lagunaire, et marécage. Lorsqu'il souffrait moins, il se laissait griser par
l'âcre parfum des euphorbes et jouait à se perdre, en
imagination, au bout des sentiers de montagne où l'on
ne voyait âme qui vive. À d'autres moments, il tirait sur
lui le drap de la douleur et, enfermé en elle comme dans
une coque chaude, oubliait avec plaisir ce qu'il avait été
et ce qu'il avait voulu. Ses compagnons restaient silencieux, sauf en traversant les villages où ils marchandaient
les vivres qu'ils chargeraient sur leur âne, avec une impatiente gaieté. Alors Inigo s'étonnait qu'ils ne se sentissent
pas vaincus. Une vie dure et forte les animait, de laquelle
ils ne savaient rien, et qui les mettait hors de la portée du
sort. Il se sentait séparé d'eux. Il pressentait que même
à Loyola le monde aurait changé pour lui. Le château
et ses habitants, la campagne alentour, Madeleine, son
frère, les souvenirs et son enfance même avaient à jamais
perdu cette rassurante immobilité à laquelle il avait
souvent pensé dans les années d'Arevalo.

Il n'était le plus souvent qu'un corps souffrant, sans
emploi, que la douleur faisait divaguer. Un vide confus,
fait de mille sensations contradictoires, avait pris possession de lui.

Après une semaine de route, une forte fièvre le terrassa,
si forte que son escorte crut qu'il allait passer. C'était à
Ozaeta, dans les collines, un village établi sur une pente
douce, surmonté par l'église Saint-Jean-Baptiste. On prit
logement au presbytère. De sa fenêtre, au premier étage,
Inigo voyait les toits serrés au creux d'un cirque de monts
pelés où dominaient les couleurs ocre et rouge. Il avait

demandé que l'on portât son lit tout contre ce paysage, parce qu'il ne pouvait plus se lever.

Le «soldat sans vergogne» de naguère n'avait plus désormais de corps. Son esprit lui manquait aussi, comme on le dit d'un membre. La douleur et l'épuisement l'enfermaient. Il ne trouvait de repos que par instants, quand s'élevait le murmure cristallin des sources dans la paix du soir, après que le chant des troupeaux avait cessé. Le son des cloches en revanche lui faisait mal. Il lui semblait que les battants vibraient dans sa jambe blessée. Ses souvenirs refluaient en désordre ; et ce désordre était celui de sa vie même, où ni Arevalo ni Pampelune n'avaient plus de sens. Un abîme séparait les rêves qu'il avait eus et sa condition présente. Il ne voyait rien qui pût relier même le sentiment de l'honneur ou l'amour du roi à cette immobilité cruelle à laquelle il était condamné. Il n'était plus rien que ce corps immobile. Le reste s'était évanoui dans les fumées du canon. À certains moments, il pouvait encore se monter la tête et faire revivre un songe de gloire et d'aventure. Il en tirait un peu d'exaltation, et l'oubli de ses peines. Puis, très vite, il était à nouveau terrassé par ce sentiment qu'il ne pouvait nommer, où se mêlaient la fatigue et le dégoût, mais où pourtant n'entrait pas d'amertume. Alors il s'enfuyait dans le sommeil.

Lorsque Inigo fut en état de reprendre la route, l'escorte remonta vers le nord, dans ces montagnes du Guipúzcoa familières au blessé, par des sentiers muletiers qui suivaient le cours de l'Ollo. Il y eut de mauvais chemins, de nouvelles souffrances. Inigo redoutait moins à présent la douleur que l'espèce d'abîme dans lequel son esprit se trouvait souvent entraîné, où le passé et l'avenir formaient un même marécage, fangeux et immobile. Lorsqu'ils l'entendaient gémir, les soldats voulaient que l'on s'arrêtât. Il trouvait assez de force pour les pousser en avant d'une voix impérieuse.

Un mulet tomba dans un ravin, et deux hommes y descendirent pour l'achever. Lorsqu'ils s'approchèrent de la bête qui les avait fidèlement servis et dont la tête épaisse, rejetée vers le ciel, offrait au couteau un cou innocent et laineux, il revit les derniers instants de l'estradiot albanais sur les pentes de la forteresse, et détourna le regard.

De forts accès de fièvre le prenaient tous les deux jours, puis disparaissaient sans que l'on sût pourquoi. Ils s'arrêtèrent pour la dernière fois à l'orée du domaine de la famille, à Anzuola, où vivait une de ses sœurs. Il y passa deux nuits, aux portes du monde de son enfance : de hautes maisons de pierre grise dans les rues étroites, des fermes à quatre étages, dignes et froides, au cœur d'une campagne alpestre où des palmiers mauresques signalaient les demeures seigneuriales, à l'orée des chêneraies, et le son cristallin qui lui plaisait tant des torrents de montagne solidement canalisés vers les lavoirs et les fontaines de la ville, que soutenaient des murets de pierres sèches. Quelque chose manquait pourtant et il ne savait quoi. Il trouva à Anzuola le repos du corps, mais non celui de son esprit, qui ne pouvait plus rien goûter, auquel même les souvenirs étaient devenus indifférents. Parfois, s'en apercevoir lui causait une grande terreur. Il était impossible de vivre dans cette étrange indifférence qui l'avait pris, et dont il se demandait si elle ne durerait pas toujours. À certaines heures, la nausée lui venait de ce monde rempli à craquer de choses indistinctes et vaines, de ces hommes semblables à lui, de ces sentiments inutiles, de ces arbres, de ces maisons, de l'honneur même et de ce passé qui, en s'évanouissant, avait laissé derrière lui tant de peaux mortes qui se décomposaient. Il ne priait plus. Il avait dit tout ce qu'il y avait à dire et n'avait pas reçu d'autre réponse que cette douleur incessante. À lui qui n'était plus qu'une ombre silencieuse, et qui doutait d'exister encore, la religion qu'on lui avait apprise ressemblait à un capharnaüm de personnages compliqués et nombreux, desquels il s'étonnait de n'attendre plus rien. Il lui eût fallu se sentir vivant, distinct du monde et accordé à lui ; mais il n'était plus que cette incertitude, ce cadavre ballotté, une place démantelée où le monde et ses bruits entraient et sortaient dans un tumulte indifférent.

Ils reprirent la route, et le cortège franchit enfin le pont de Loyola, gagnant le portail du château où l'attendaient Madeleine de Araoz et ses deux filles. Inigo avait craint le moment de la revoir. Elle lui sourit sans trop de compassion et il en fut heureux.

Bien plus tard, Ignace de Loyola racontera à un novice qu'il avait collé une bande de papier sur un tableau de la Vierge devant lequel il avait coutume de prier, parce que son visage lui rappelait trop Madeleine, et que ce souvenir le troublait dans sa prière.

III

On le porta dans la plus belle chambre du château. Il y dormit deux jours de suite. Au réveil, sa jambe le faisait moins souffrir. Les tourments qui l'avaient affligé pendant le voyage n'avaient pas cessé, mais ils s'étaient atténués. L'angoisse se laissait oublier — un voile gris tendu à l'arrière de son esprit.

Son frère Martín Garcia était reparti en guerre contre les Français. Madeleine lui donna des nouvelles de Burgos, où l'on murmurait ferme sur la reddition de Pampelune. De grands seigneurs, plus prompts à crier à la trahison qu'ils ne l'avaient été à combattre les Français, écrivaient à l'empereur pour demander la tête du malheureux Herrera. Ils épargnaient Inigo, qui était l'un des leurs. Le commandant de la place n'était qu'un soldat, à peine tiré de la glèbe, et l'on allait bien le lui faire voir. Rabelais montre Lucifer affligé d'une colique pour avoir mangé l'âme d'un huissier de justice. Le diable éprouverait les mêmes désagréments avec celle d'un homme de cour, quelle que soit l'époque.

Ces bruits ramenaient Inigo dans le siècle. Il avait bien éprouvé, après Pampelune et au milieu des montagnes, ce sentiment auquel il ne pouvait donner de nom et qui l'entraînait dans un abîme ; un curieux mélange d'indifférence et de dégoût. Mais il revenait à lui et considérait cette impression comme une faiblesse qu'il fallait combattre. Il se devait de guérir, de reprendre les armes et sa vie d'avant Pampelune. Aucun autre choix ne lui était laissé. Et si cette chimère qui l'oppressait ne quittait pas ses épaules, il apprendrait à s'en accommoder. Mais lorsqu'il eut pris la résolution de guérir au plus vite, il s'aperçut aussitôt que c'était impossible. Les os de sa jambe droite s'étaient ressoudés de travers, et se chevauchaient. Il ne pourrait plus galoper ou combattre. Il resterait infirme.

Madeleine fut la première à laquelle il annonça qu'il voulait qu'on lui brisât à nouveau la jambe. Inigo lui fut reconnaissant de son silence comme de son regard brouillé de larmes. Elle n'essaya point de l'en dissuader et envoya chercher les chirurgiens. L'un d'eux venait du village et l'autre, plus savant, du bourg voisin. On les introduisit dans la chambre seigneuriale où une forme pâle aux yeux caves et brûlants leur fit part de sa décision.

Le chirurgien du village, Martín de Iztiola, était un gros homme respectueux pour lequel les blessures campagnardes et les accouchements n'avaient plus de secrets. Il ne manquait jamais une procession et vivait dans la crainte des seigneurs de Loyola. Son acolyte présentait un long visage mystique aux sourcils broussailleux. On le disait féru d'alchimie, mais il possédait surtout au plus haut point la science des onguents.

Les deux hommes avaient examiné la veille Inigo inconscient, l'avaient trouvé très faible, et, craignant qu'il ne mourût, avaient même défendu qu'on le fît lever. Et voici qu'à présent il demandait qu'on l'opérât. Ils se récrièrent. Il faudrait lui briser la jambe à nouveau, puis attendre qu'elle se consolidât. Le choc serait violent, la souffrance terrible. La seule douleur pourrait l'emporter, sans parler même des hémorragies, de la gangrène. Quelque chose dans la détermination du blessé les effrayait. Ils y voyaient de l'orgueil — qui pouvait se croire capable de supporter une telle épreuve ? —, une vanité presque folle, une forme de blasphème. Qui étaient-ils pour se substituer aux décrets de la Providence, et reprendre le travail du boulet de Pampelune ? Et puis ils avaient peur d'être jugés coupables en cas d'échec ; coupables d'avoir mal opéré ou de n'avoir pas su dissuader le blessé. Ils s'isolèrent un moment tous les deux, accablés. L'alchimiste laissa percer un peu de colère contre Inigo. Il ne pouvait ignorer qu'il les chargeait d'un lourd fardeau. Le malade devait se le tenir pour dit. Il n'avait qu'à rester couché, faire dire des neuvaines et s'en remettre à Dieu.

Ils revinrent dans la chambre où le blessé les fixait d'un regard impérieux, et, d'une voix qui tremblait, Iztiola exposa leurs raisons. Inigo les écouta sans dédain, avec une grande politesse. Lorsqu'ils eurent fini, il demanda qu'on fît venir sa famille et ses serviteurs, et, devant ces témoins, il expliqua qu'il ne faudrait pas tenir les chirurgiens responsables de ce qui pourrait lui arriver. Puis il ordonna qu'on lui obéît sur l'heure.

Il resta seul avec les deux hommes qui, après lui avoir fait respirer un cataplasme, étirèrent la jambe et, ayant passé sous elle une simple planche de bois qu'un valet était allé chercher aux écuries, la brisèrent à coups de maillet. Écrasant les chairs, ils atteignirent l'os. Ce fut, dira simplement Ignace trente ans plus tard, «une boucherie». Les chirurgiens restaient troublés, hésitants, malgré les paroles apaisantes d'Inigo. Ils s'y reprirent à plusieurs fois. Le maillet glissa. Après avoir frappé, la sueur leur brûlant les yeux, ils regardaient à la dérobée Inigo, qui ne proférait pas un son et serrait les poings. Ce silence même les épouvantait. Ils n'avaient jamais vu un tel patient. Ils eussent préféré qu'il hurlât, les justifiant ainsi après coup de l'avoir mis en garde contre une opération inutile et terrible. Son mutisme au contraire les déconcertait encore plus, et leur habileté s'en ressentait. Il leur fallut un quart d'heure pour briser la jambe au bon endroit. Quand ils eurent fini, Inigo, comme écrasé dans le lit, semblait avoir perdu le tiers de sa taille. Ce n'était plus qu'un maigre fantôme en chemise blanche, présentant aux regards une jambe déchirée d'où l'os brisé sortait à nu, sur le rouge des draps tachés de sang. Desserrant les poings, il les remercia d'un regard et s'évanouit.

La fièvre commença presque aussitôt de monter. Le choc avait été trop rude. Madeleine revint dans la chambre et, sans parler, lui tamponna le front avec de l'eau fraîche. Les serviteurs entrèrent aussi, et certains s'agenouillèrent pendant que d'autres arboraient des faces de bois. Madeleine les fit sortir, les pieux comme les autres. Inigo entrait en agonie. Quand le dernier fut parti, Madeleine s'aperçut que les chirurgiens s'étaient évanouis, se mêlant à la foule qui descendait les escaliers. Elle pensa que celui de Loyola chevauchait déjà vers la province voisine, par crainte de la vengeance des seigneurs, et elle comprenait sa réaction. Inigo mort, personne ne voudrait plus se souvenir qu'il avait ordonné l'opération. Elle resta seule, immobile, au chevet du blessé. Elle regarda ce long visage jauni, aux arêtes coupantes, où grimpait une barbe sans forme, et se souvint du ton impérieux de sa voix s'adressant aux médecins, prononçant peut-être ses dernières paroles. Le petit garçon batailleur et gai qu'elle avait tant aimé s'était changé elle ne savait en quoi : non pas en reître, ou en officier de fortune, pas davantage en héros. Elle peinait à comprendre ; et d'ailleurs, peut-être le petit garçon n'avait-il pas disparu. Elle en avait eu l'intuition en le voyant regarder sans amertume la campagne de son enfance, comme si le passé ne s'était pas encore chargé de regrets, en surprenant un mouvement vif et joyeux lorsqu'il avait reconnu le palefrenier qui le premier l'avait mis en selle, longtemps avant Arevalo. Madeleine ferma les yeux, et, sans mettre la tête dans ses mains, le corps droit et tremblant sous un effort intense, demanda à la Vierge de le garder.

Madeleine demeura longtemps près de lui. À la fin du jour — c'était le 24 juin, un mois après Pampelune —, Inigo se réveilla, dans un état d'extrême faiblesse. Le second médecin était revenu, soit qu'il eût été pris de remords, soit qu'il eût voulu monnayer ses talents et son audace, au cas où le blessé se fût rétabli. Mais, l'ayant examiné, il eut le courage de le déclarer perdu. Inigo accueillit cette nouvelle avec un grand calme. La cloche de Saint-Jean-Baptiste d'Oñaz sonnait pour la fête patronale de l'ermitage. Madeleine sortit pour demander qu'on allât chercher le curé, et ordonna au palefrenier qui avait connu Inigo enfant de partir sur-le-champ chercher

Martín Garcia. Il lui faudrait trois jours de cheval et elle pensa avec tristesse qu'au retour de son frère Inigo serait déjà mort. À la tombée de la nuit, Inigo se confessa et reçut les derniers sacrements. Puis il sombra.

Il demeura inconscient les quatre jours suivants. Un grand silence se fit dans la maison. On ne s'y divertissait plus, nul n'y avait plus d'activité désordonnée, on accomplissait seulement les tâches utiles, et comme en retenant son souffle, ainsi qu'il arrive souvent lorsque la mort vient ; et le contraste était grand entre la haute maison à moitié plongée dans la nuit, même en plein jour, alors qu'au-dehors la nature éclatait en touches somptueuses : carrés jaune tendre, incendiés de chaleur, du blé jeune, bosquets profonds où se groupaient les bêtes, libellules d'un vert d'émeraude au-dessus des torrents ; et le tintement des cloches se mêlait aux rires des bergers, dans une symphonie joyeuse qu'Inigo n'entendait plus.

La veille de la Saint-Pierre-et-Paul, les médecins revinrent pour l'examiner. Celui du bourg, mais aussi celui de Loyola, Martín de Iztiola, qui avait eu honte de sa fuite. Inigo n'avait pas ouvert les yeux depuis trois jours et des plaques blanches apparaissaient sur ses joues hâves et creusées, remontant jusqu'aux pommettes où l'os semblait affleurer. Les médecins décidèrent que si son état n'avait pas changé avant minuit, il serait mort au matin.

Vers trois heures du matin, Madeleine fit arranger la chapelle du château pour la veillée funèbre. Tout était perdu. Martín Garcia ne reviendrait pas à temps. On dépêcha un valet jusqu'à Azpeitia, où vivait l'embaumeur, et les servantes se préparèrent à la toilette du mort. Deux fois, un médecin passa devant les lèvres grises un miroir, mais deux fois une buée très fine montra que le destin d'Inigo n'était pas encore accompli.

Il y eut un moment, vers cinq heures, où il fut laissé seul. Madeleine était allée dormir. Le curé arrangeait la chapelle et les médecins mangeaient aux cuisines. Par la fenêtre qui faisait face à son lit, la lumière de l'aube passa dans la chambre. Ce fut alors qu'Inigo ouvrit les yeux.

Il se sentait brisé, mais calme. Il étendit les doigts, puis se tourna sur le côté, pour mieux voir le jour nouveau. Une servante qui lui portait de l'eau pour lui rafraîchir le front le découvrit ainsi et se signa. Inigo avait perdu la notion du temps. Elle lui apprit qu'on fêterait aujourd'hui les saints Pierre et Paul. Il lui sourit, et ferma les yeux, sûr cette fois d'avoir guéri, de n'avoir plus rien à redouter. Il avait toujours aimé le Simon-Pierre des Écritures. Un homme rude, qui obéit au premier appel, mais qui pourtant ne cesse de douter. Il a vu des miracles, mais quand le Maître l'appelle, il prend peur, et coule en essayant de le rejoindre sur les eaux du lac ; il a vu la Transfiguration, et pourtant il renie son Maître dans la cour du grand prêtre, par trois fois. Et puis la dernière nuit, n'a-t-il pas tiré l'épée, tranché l'oreille d'un soldat ?

Chaque fois défaillant, chaque fois repris par des sentiments qui le dépassent, et porté au-delà de lui-même, saint Pierre était un homme selon son cœur. Inigo le comprenait. Il avait souvent imaginé sa vie : la barque et les travaux monotones de chaque jour, un grand dévouement sans emploi qui lui serrait le cœur quand venait le soir, le pressentiment d'une vie plus grande, cachée sous l'autre ; et puis l'irruption de cet inconnu impérieux et tendre, qu'il avait suivi sans hésiter, s'étonnant lui-même, et cette vie errante où cet homme qu'il avait appris à aimer, ou plutôt dont il avait découvert qu'il l'aimait depuis longtemps, lui apparaissait tantôt très proche, et tantôt très lointain, mangeant et buvant avec ses amis, froissant des épis de blé en traversant les champs blanchis de juin, mais évoquant aussi sa présence aux jours mystérieux de la création du monde. À Pierre, le Maître avait trouvé moins de foi qu'au centurion ou à la Cananéenne, et pourtant il l'avait choisi. Aux yeux d'Inigo, Pierre était plus proche que le Seigneur lui-même.

Contre toute attente, il se rétablit très vite. Du fond du lit où il restait cloué, et malgré la douleur, il était énergique et gai, plaisantant les médecins aux faces de carême et aussi le curé, affectant des manières de reître qui faisaient sourire Madeleine. Le poids qu'il avait porté sur les épaules de Pampelune à Loyola lui avait été retiré. Il aurait dû mourir et, saint Pierre aidant, il n'était pas mort. La volonté de Dieu était donc bien qu'il vécût et retournât au combat. Cette volonté, il ne prétendait d'ailleurs pas la scruter. Il la savourait seulement. Il en éprouvait les bienfaits avec simplicité, et un soulagement indicible : la rumeur des campagnes, les bruits familiers de la maison, et enfin, dans l'après-midi d'un beau jour, les cloches de la victoire soulevant le village. Martín Garcia revenait de guerre. Le lendemain de la Saint-Pierre, les Français avaient été battus près de Noain et, depuis le 5 juillet, le drapeau d'Espagne flottait à nouveau sur la citadelle de Pampelune. Lesparre s'était imprudemment lancé contre des Espagnols plus nombreux, grisés d'avoir vaincu les *comuneros* à Villalar quelques jours auparavant. Sa cavalerie s'était brisée sur les *tercios*, dont la contre-attaque avait emporté son artillerie. L'armée franco-navarraise comptait plus de six mille morts et Lesparre lui-même, prisonnier, avait perdu la vue.

Inigo se souvint de lui le soir de la bataille, calme et amical, environné de son état-major, et, s'il éprouva pour lui une compassion d'homme de guerre, il vit dans sa défaite un signe que le destin avait tourné, un encouragement que la Providence lui adressait. C'était au tour de Lesparre, aveugle, de souffrir, à celui d'Inigo de se relever. Il était désormais guéri de l'amertume et du regret. Il ne jalousait pas ceux de ses compagnons d'armes qui s'étaient illustrés à Noain. Il espérait seulement pouvoir reprendre sa place au plus vite, et aussi que le courage dont il avait fait preuve lui serait compté.

*

Les jours passaient, et Inigo se rétablissait. Son frère avait troqué sa casaque de guerre pour une cape de laine franche et parcourait ses domaines. Madeleine passait moins de temps à son chevet. À présent qu'il était guéri, la vie reprenait à Loyola, indifférente et familière. Il n'en souffrait pas, ayant toujours eu un goût très vif pour la solitude. On lui avait laissé une clochette pour appeler, dont il ne faisait pas usage. Bientôt il put quitter son lit. Il passait des heures assis sur une haute cathèdre où son père aimait à se reposer après avoir chassé. Il pensait à lui plus souvent que naguère et se demandait parfois s'il lui avait fait honneur. Cette question restait toujours sans réponse, et l'avoir posée lui causait une tristesse imprécise dont il avait du mal à s'affranchir.

Un jour qu'il rêvait en regardant les toits de la ville, Madeleine lui amena un ancien compagnon d'Arevalo, qui passait lui rendre visite. Il s'appelait Alonso de Montalvo. Inigo et lui n'avaient jamais été très proches, et dès lors, lorsqu'il entra dans la chambre, Inigo ne vit pas en lui l'homme — qu'il connaissait mal — mais le monde d'Arevalo, qui se rappelait tout d'un coup à sa mémoire avec une force invincible. Il l'écouta sans rien dire, submergé par les souvenirs. Il pouvait entendre les murmures de cour, le froissement des robes et le bruit clair des épées. La ville d'Arevalo était restée fidèle à ce roi pour lequel Inigo s'était laissé estropier, et peut-être l'infante Catherine y viendrait-elle résider avec sa mère. Un souffle nouveau gonflait sa poitrine. La fièvre lui venait aux tempes, une gaieté sans mélange le prenait. Ils restèrent longtemps à boire du vin pur, et dans les silences de la conversation, Inigo imaginait son retour. Le soir même, après que Montalvo fut parti, il écrivit une longue lettre au duc de Najera, dans laquelle il protestait de son dévouement et l'assurait de son désir de rejoindre sa garde personnelle au plus vite.

Un vague pressentiment l'effleurait parfois, une sorte d'angoisse ténue, où lui revenait, impalpable, ce sentiment de la vanité du métier des armes qu'il avait éprouvé si fort sur la route de Loyola. Il ne le traitait pas différemment que ces élancements à la jambe qui le prenaient encore, et qu'il oubliait en évoquant l'avenir radieux qui l'attendait, l'amitié du roi, le sourire de l'infante.

Août s'achevait. Les nuits étaient plus fraîches, les moissons étaient rentrées, Inigo bouillait d'impatience. Il supportait mal les jeux de société, les conversations vaines, et la musique où les poèmes qu'il avait fort goûtés naguère l'agaçaient à présent. Il reviendrait dans le monde en homme fait, éprouvé, plus net, vif et coupant comme une arête. Cette heure approchait. Chaque matin, il se levait à l'aube, et faisait quelques pas, appuyé au dossier d'une chaise. Au début, il avait remarqué cette bosse calleuse au-dessus du genou, et avait voulu l'oublier. Sans doute allait-elle se réduire rapidement, maintenant que sa guérison était complète. Mais deux semaines passèrent et la protubérance n'avait pas diminué. De plus sa jambe droite était plus courte que l'autre. Les chirurgiens furent rappelés, et leur verdict fut sans appel. Les os s'étaient ressoudés en se chevauchant, formant saillie. Il n'y avait rien à y faire. Il boiterait, mais pourrait toujours placer une cale en bois au fond de ses bottes. Il n'était pas question de tenter à nouveau le sort et de briser cette jambe pour la troisième fois.

Avant même qu'il eût dit un mot, Martín Garcia et les médecins l'entourèrent comme un essaim bourdonnant, s'efforçant de lui faire accepter le sort. Droit dans la cathèdre de bois noir, Inigo regardait les rayons du soleil qui tachaient la pièce, élevant vers le plafond de hautes colonnes de poussière. Il comprenait leur propos. S'il se taisait, ce n'était pas par dédain. Il ne tenait pas si fort que les autres le croyaient aux jambières de tournoi, aux bottes d'officier dont la mode de ce temps voulait qu'elles collassent à la jambe. Il avait pesé ces futilités à leur juste poids. Mais il avait décidé de reprendre sa course interrompue, de rejoindre un monde où ces choses-là comptaient, et il ne s'avouerait pas vaincu avant même d'y être revenu. Il ne retournerait pas à Arevalo en estropié. Il ne supporterait la pitié de personne. Il ne s'exposerait à aucune raillerie.

Avec un grand calme, et sans donner ses raisons — depuis longtemps déjà il dédaignait d'expliquer comme de se plaindre —, Inigo interrogea les chirurgiens sur les moyens de réduire l'excroissance. Ils pourraient faire venir d'assez loin une machine dans laquelle on placerait sa jambe, et qui l'étirerait, des jours durant, pour replacer les os en ligne. Ce serait un long supplice. Inigo le choisit, à la consternation de tous. Pendant les quelques jours où l'on attendit la machine, il resta seul, obstinément silencieux.

L'engin comportait une glissière où passer la jambe, et tout un appareillage de poulies et de poids. On le fixa aux poutres de chêne du plafond, au-dessus du lit. Les chirurgiens massèrent longuement la jambe avec des onguents, puis l'attachèrent à la glissière, et mirent en œuvre les poids afin de l'étirer. La douleur était très vive. Il semblait au malade que ses muscles allaient se déchirer. On eût dit le supplice de l'écartèlement. Ils le laissaient dans cette position pendant trois heures, puis le massaient une demi-heure, puis suspendaient à nouveau la jambe pendant trois autres heures. Il en fut ainsi cinq jours durant, où Inigo ne prononça pas une parole. À la fin, la douleur faisait partie de lui-même et ne le gênait pas plus que les bruits de la maison, ou cet air de flûte échappé de la campagne sèche que l'automne commençait d'adoucir, pendant qu'il regardait vaguement les poutres du plafond en songeant aux exploits de son père, au Nouveau Monde où son frère était mort, et à la vie d'aventures qui l'attendait. Il reprenait des forces et, après une semaine, se sentit tout à fait bien. Les médecins décidèrent d'arrêter le traitement et présentèrent leurs honoraires à Martín Garcia, qui ne voulut pas leur payer plus de dix ducats. Si elle n'avait pas entièrement disparu, l'excroissance avait été réduite. Peut-être Inigo souffrirait-il quand même d'une légère claudication, mais il était impossible de le savoir. Ses muscles atrophiés lui interdisaient de marcher. Son corps ne le portait plus. Il lui faudrait encore garder le lit quelques semaines. Il n'en eut pas d'impatience, puisqu'il était guéri. L'avenir lui avait été rendu, un avenir somptueux, désirable, qu'il ne se lassait pas d'imaginer. Lorsqu'il se souvenait des angoisses qu'il avait éprouvées, il se disait que sa blessure en était la seule cause, puisqu'à présent qu'il était mieux, il ne les ressentait plus. Un froid nouveau venait de la montagne, et parfois un vent plus coupant découronnait les arbres. Le soir, les servantes allumaient un feu dans sa chambre. Il avait atteint la moitié de son âge, avait affronté la guerre et la défaite, et tout était encore possible. Le sultan des Turcs était entré dans Belgrade. Les conquistadors remontaient vers Mexico, et souvent Inigo ne savait pas, tant ses rêves étaient forts, s'il était éveillé ou endormi.

IV

Inigo avait cessé de souffrir. L'appétit lui était revenu, et la gaieté. Il se rétablissait, même s'il ne pouvait encore poser le pied par terre. Il gardait le lit, mais apaisé, joyeux d'être en vie, de n'être pas infirme, rêvant sans mesure à l'avenir. Il savourait d'autant mieux les mille détails de chaque jour qu'il savait qu'il les laisserait bientôt derrière lui. Le son des sabots ferrés dans la cour lui faisait rêver de chevauchées sans fin, et le claquement au vent des draps étendus dans les arrière-cours lui évoquait des étendards. Il pouvait passer des heures à sauter d'un songe à l'autre, comme on traverse une rivière sur une jetée de cailloux. Fixant le plafond, il y dessinait en esprit les cartes de royaumes imaginaires, conquis et protégés par lui, d'où sa renommée viendrait aux oreilles du roi. À d'autres moments, il revoyait sa mission dans le Guipúzcoa, ou bien les tractations avec les édiles de Pampelune et, l'esprit froid, en tirait des jugements sur les hommes et ce qui les fait agir.

Vint un moment où il ne se suffit plus à lui-même et demanda des livres. À Arevalo où il avait découvert les romans de chevalerie, il s'était imaginé un second Amadis de Gaule. Il avait parcouru ces forêts enchantées où s'élèvent des châteaux désertés par l'effet des sortilèges, où l'amour et la mort prennent des visages de femme. Ce qu'il aimait, le dévouement, l'espérance d'un monde caché sous l'autre, prenait dans ces livres des formes qui le ravissaient. Les émotions y étaient décrites d'une manière simple et vraie, et, en même temps, faisaient pressentir comme un mystère, dont une vie courageuse permettrait peut-être de déchiffrer le secret. Dans ces livres tout se trouvait réconcilié : la solitude et les femmes, Dieu et les armes, le voyage et le repos, le temps et l'éternité. Il avait relu cent fois la page où Perceval, blessé, attend qu'on abaisse pour lui le pont-levis d'un château où le Graal est caché, son sang s'écoulant goutte à goutte sur la neige.

Mais il n'y avait à Loyola qu'un vieux traité d'architecture, des registres de comptes et des livres pieux. Il lui fallut s'en contenter. Madeleine lui apporta *La Légende dorée* de Jacques de Voragine et la vie du Christ de Ludolphe le Chartreux. Le livre de Voragine avait été publié à Tolède par un cistercien nommé Vagad, vers 1510. Madeleine, dont la piété était simple et droite, lui dit en souriant qu'elle ne l'avait guère lu, sauf un chapitre consacré à François d'Assise qui l'avait effrayée, tant les désirs du saint lui étaient apparus violents et incompréhensibles.

Un soir, dans le craquement des bûches enflammées, Inigo commença de lire la préface de Vagad. Le moine présentait les saints comme des *chevaliers de Dieu*, dont l'ardeur avait transformé le monde. Il en fut surpris. Il les avait plutôt considérés jusque-là comme des hommes qui se mortifient pour gagner leur salut, et dont la pénitence, bien qu'admirable, n'a aucun effet ici-bas. S'il les avait admirés, il les avait toujours jugés inaccessibles, séparés de lui par un abîme infranchissable que la grâce n'avait pas daigné combler. Mais pour Voragine, les saints étaient avant tout des hommes d'exception, qui avaient préféré le plus grand des services, et dont les humiliations qu'ils s'étaient infligées n'avaient pas le caractère infamant qui l'avait toujours rebuté. C'était pour l'honneur de Dieu qu'ils avaient sacrifié leur amour-propre, tout comme lui avait dû sacrifier sa jambe pour l'honneur de son roi. Ils n'étaient pas si différents de lui. Ils avaient seulement choisi la meilleure part et le chemin le plus difficile.

Aussi, lorsqu'il commença de lire leurs vies, y découvrit-il ce que jusque-là il n'avait jamais vu. La gloire du *poverello* d'Assise, allant à demi nu sur les routes et s'efforçant de soigner ces lépreux qui le dégoûtaient tant, n'était pas d'une autre nature que celle d'un grand capitaine. Elle lui était simplement supérieure. Et cet inconnu nommé Onuphre, se nourrissant d'herbes amères au plus profond d'une solitude désertique, avait accompli ce qu'il avait lui-même voulu accomplir en s'entraînant sans relâche à devenir un bon soldat, à mépriser les traverses du sort, les blessures et peut-être la mort. Comme eux, il avait souffert dans son corps. Il avait commencé de connaître leurs épreuves ; mais leurs souffrances, contrairement aux siennes, avaient produit des effets immenses, dont certains se voyaient déjà, et dont les autres ne seraient révélés qu'au jour du Jugement.

Inigo interrompait sa lecture. Il comparait ce qu'il avait lu et ce qu'il avait connu. Puis il la reprenait, dans

73

une sorte de fièvre. Il s'arrêtait de nouveau, imaginant en détail tel épisode de la vie d'un saint ; puis se souvenant des moments de sa propre vie. Il poursuivait quelque chose qu'il n'aurait pas su nommer et qui s'échappait toujours. Il était devenu grave, comme tendu vers un but invisible, ne mangeait plus qu'à peine.

Il se réveillait au milieu de la nuit, reprenait son livre et recommençait à méditer, l'esprit tournant comme une meule sans qu'il pût en interrompre la course.

Un matin, il s'aperçut que le roi d'Espagne ne lui suffisait plus. Ni le roi ni sa cour, ni ses généraux ni ses prêtres : ils n'étaient que des hommes arrêtés à mi-chemin et qui se satisfaisaient de peu de chose. Ils portaient de l'or et de la pourpre, mais vivaient d'arrangements, comme le moindre des fermiers du Guipúzcoa. Il passa tout le jour à chasser cette pensée, qui revenait sans cesse.

Le soir, il dit à voix haute : « Et si je faisais ce qu'a fait François ? Ce qu'a fait Dominique ? Je dois le faire. » D'avoir déjà subi de dures épreuves lui donnait une grande confiance en lui. Puis il n'était pas possible que Dieu ne lui vînt pas en aide, s'il mettait toute sa volonté d'homme à son service. Ce roi-là du moins ne le trahirait pas. Il revoyait la disgrâce de Velázquez, les hésitations des officiers de Pampelune. Dieu premier servi, et tout deviendrait simple.

Mais l'Inigo d'avant n'avait pas disparu. Quand la fatigue le prenait d'avoir imaginé tant d'exploits sous la bannière du Christ, il renouait les fils de ses songes anciens. Il évoquait Arevalo, la beauté des femmes, la silhouette altière de la forteresse, le commandement des hommes, la revanche éclatante qu'il pourrait prendre. Il en éprouvait beaucoup de plaisir, mais il revenait pourtant toujours au livre de Vagad. Il s'étonnait de passer ainsi, vingt fois dans la journée, d'un univers à l'autre sans pouvoir attacher sa pensée à l'un d'entre eux, incapable de choisir.

Inigo avait le goût du bonheur. Il avait toujours recherché la gaieté, et redouté la tristesse et la mélancolie. À bien examiner ses pensées et leurs conséquences, ce qu'il s'efforçait toujours de faire avec rigueur, il vit que rêver du siècle et de ses prestiges, de la place qu'il y tiendrait, lui donnait une grande exaltation mais le laissait ensuite sec, vide et malheureux ; et que, au contraire, s'imaginer mendiant jusqu'à Jérusalem l'emplissait d'une joie profonde. Ainsi plusieurs esprits se combattaient en lui. Il était impossible que le vide ou la tristesse vinssent de Dieu. Ils venaient donc du diable ou de ses propres penchants mauvais. Il lui suffisait de choisir la voie que Dieu traçait dans son âme en le rendant joyeux ; et cette voie était celle des saints.

*

Peu à peu les souvenirs d'Arevalo et de Pampelune s'effacèrent et disparurent. Il ne forma plus d'autres pro-jets que ceux que lui dictait cet esprit qui le conduisait. Il ne lui en coûtait rien. Les séductions du monde qui, il y avait peu, lui étaient apparues incomparables s'étaient évanouies. Elles qui lui avaient toujours paru peser leur poids de chair, avoir partie liée avec ses goûts les plus vifs, les plus intimes, une brise légère les avait réduites à néant. Il s'en étonnait. Jamais il n'aurait cru possible de se passer de ce monde envoûtant et tentateur, où la familiarité des grands, la beauté des femmes, le talent et les vertus personnels, le service du roi, la musique et le goût des chevaux, formaient le seul ensemble harmonieux où il lui eût semblé possible d'occuper les premières places, et d'accomplir toute sa destinée. Et s'il n'en restait rien, c'était à cause de ce Christ dont il s'apercevait maintenant qu'après toutes ces messes, toutes ces processions, tous ces offices, il ne le connaissait pas — du moins pas à la manière de François ou de Dominique, qui n'auraient pas été capables de tous ces exploits en suivant une chimère née de leur esprit, ou en se conformant seulement aux règles étroites de la religion de leurs pères. Comme eux du moins, se sentait-il, pour la première fois, libre d'aimer.

C'était un sentiment nouveau. Il avait éprouvé jusque-là des entraînements qui l'avaient contraint, au point de le priver de sommeil. Un corps ou un visage l'avaient obsédé, et d'une obsession dont la possession, si elle l'avait apaisé un moment, ne l'avait pas délivré. Mais il n'avait jamais été exposé à cet amour-là, qui lui semblait d'autant plus fort qu'il ne demandait rien qu'il pût concevoir.

Ainsi François et Dominique avaient-ils aimé un homme, et non la phrase d'un livre — fût-il saint — ni la beauté d'un vitrail. Cet homme était né, avait vécu en Palestine où il était mort d'une mort étrange, à la fois honteuse et passagère, qui semblait un défi à l'idée que l'on peut se former d'un héros ou d'un dieu. Sa vie même, parfois trop grande, parfois trop petite, semblait impossible à comprendre à quiconque n'aurait pas, à l'aveugle, décidé de le suivre.

Mais comment le suivre? Inigo passa plusieurs jours à lire sans relâche le gros livre de Ludolphe le Chartreux qui racontait l'existence de Jésus. Il y découvrit un homme dont on ne lui avait jamais rien dit ; un homme auquel il ne s'était jamais *vraiment* adressé non plus, même en prière. Un homme qui ne lui avait jamais parlé que de manière inattendue, presque imperceptible, au milieu des traverses de sa vie ; un homme surtout qui, bien qu'il fût mort et ressuscité pour tous, ainsi que le catéchisme le lui avait enseigné, s'adressait à lui seul, Inigo, au-delà des siècles, attendait quelque chose de lui qu'il ne sollicitait de personne d'autre, mettant dans cette attente une patience inlassable, un Dieu enfin qui, s'il pouvait exiger de lui, pour le transformer, de grands sacrifices, l'aimait. Il éprouvait une sorte de vertige à lire ces paroles de l'Évangile qu'il n'avait jusque-là enten-dues que le dimanche : « M'aimes-tu ? M'aimes-tu plus que ceux-là ? » « Suivez-moi — et, laissant leurs filets, ils le suivirent. » « Suis-moi. » Il était pour l'instant seul au monde avec Dieu. La Bible, qu'il connaissait à peine, racontait son histoire. Il fallait quitter comme Abraham la maison de ses pères, aller vers le pays qui lui serait indiqué. Il fallait, comme Moïse, quitter l'Égypte, quelles que fussent les épreuves. Il fallait vivre ainsi, en pèlerin et en étranger.

*

Dans la chambre au plafond noirci où il avait tant souf-fert, à la lueur vacillante des bougies, Inigo se prenait d'amour pour le Christ. Il avait commencé à l'aimer pour son courage, son autorité devant les hommes. Il l'aima pour sa tendresse concrète, pour sa façon de guérir les aveugles et les sourds, de faire entendre et voir. Il l'aima pour le souci qu'il avait de rendre à eux-mêmes ceux qui étaient possédés par des forces inconnues. Il l'aima pour son silence devant les questions qui n'attendent pas de réponse. Il l'aima pour son sacrifice et pour le matin de la Résurrection. Il l'imaginait marchant avec ses amis et leur enseignant ce qui restait caché à leurs âmes maladroites et grossières, à l'image de la sienne, leur donnant à manger, s'éloignant dans la nuit pour rester seul avec son Père, marchant avec eux vers Emmaüs, allumant un feu près du lac quelques jours après sa crucifixion. Il passait de longues heures à le voir à Capharnaüm : le soir qui tombe sur la colline poudreuse, le centurion qui lui demande de guérir son serviteur. Quels liens les unissaient-ils ? Ce serviteur ressemblait aux Basques qui l'avaient porté de Pampelune à Loyola ; ce centurion lui ressemblait. Il avait prononcé peu de paroles, mais sa foi avait été jugée grande. Il pensait à l'estradiot albanais égorgé sur les pentes, qui était un frère du bandit des dernières heures, auquel Jésus avait promis le paradis. Alors Inigo, qui n'avait pas pleuré depuis longtemps, laissait couler ses larmes en silence, dans le pressentiment d'un invraisemblable amour.

Sa joie se doublait d'une grande inquiétude. Il n'avait rien accompli. Il avait négligé les promesses et méprisé la fidélité de Dieu. Il n'avait pas suivi le chemin de l'honneur. Inigo n'était pas assez lâche pour se trouver des excuses. S'être comporté en bon chrétien n'était en rien suffisant. Ludolphe ne ménageait pas ses traits aux clercs et aux évêques. N'avait-il pas d'ailleurs lui-même mis l'épée à la main pour une obscure affaire de prébendes ecclésiastiques ? Ni le respect des rites, ni le service du roi catholique ne pouvaient garantir le salut. Le jour du Jugement, de bons Espagnols seraient rejetés à gauche, loin du centurion païen des premiers jours. Il ne s'agissait pas de se conformer aux traditions pour trouver sa place dans un monde qui n'était chrétien qu'en apparence, mais de se rendre semblable au Christ, errant et dépouillé, et d'y trouver l'occasion de remercier Dieu pour ses bienfaits. Il s'agissait de répondre avec un courage sans défaillance à cette voix mystérieuse et proche qui se jouait du temps. François et Dominique l'avaient fait. Il le ferait aussi.

Dans la journée, il ne rêvait plus. Attablé devant la fenêtre, il copiait dans un grand livre les passages qui l'avaient frappé, les paroles du Christ en rouge, celles de la Vierge en bleu, de cette belle calligraphie qu'il avait apprise à Arevalo. Il en remerciait Dieu. Il aurait au moins appris là-bas quelque chose d'utile. Parfois, il pensait rapidement à sa vie passée, ou aux exploits guerriers de sa famille. Il priait pour que ces vies, et même celle de son père, n'aient pas été dépensées en pure perte. Il en mesurait tout d'un coup la vanité, puis il passait, refusant de s'attarder plus longuement. La nuit venue, il priait devant la fenêtre ouverte en regardant les étoiles. Son désir de servir Dieu n'était jamais aussi fort que dans ces moments-là. Il lui semblait que le ciel lui-même avait changé. Il retrouvait au cœur de ces espaces immenses, dans l'embrassement des astres et le craquement des planètes, la même énigmatique puissance dont l'Évangile avait recueilli les traces. Cette puissance-là n'avait pas de visage humain, cependant elle lui apportait un prodigieux réconfort.

Il brûlait désormais de la servir, à l'exclusion de toute autre. Il y mettait l'ardeur du chevalier parfait qu'il avait tant rêvé d'être ; et c'était tout ce qu'il avait emporté de sa vie passée qui lui semblait désormais insipide et plat. Si l'attrait de cette existence avait disparu, les fautes qu'il y avait commises, elles, revenaient en nombre à sa conscience, avec une implacable précision. Ainsi, pensait-il, servir Dieu serait d'abord expier la faute impardonnable de l'avoir oublié, et dont provenaient toutes les autres.

Aussi irrépressible mais plus violent encore que ses désirs d'autrefois, le désir de la pénitence l'avait envahi. Il se dépouillerait de tout, il irait par les routes, pieds nus, il mendierait son pain. Il jeûnerait et se flagellerait, et ce ne serait pas assez encore. Il s'embarquerait pour Jérusalem, au péril de sa vie, et puis, le pèlerinage accompli, il se retirerait dans un désert à l'exemple du vieil Onuphre et s'y nourrirait d'herbes amères. Il se rachèterait au prix du sang. Il s'affligeait de n'avoir pas commencé.

Des heures durant, il reprenait le fil de ses souvenirs avec toute la rigueur dont il était capable. Il se revoyait versant inutilement le sang et méprisant l'amour. Dans son désir d'être admiré, il avait usurpé le bien de Dieu, la louange due par les hommes. Il avait prostitué les autres et s'était prostitué lui-même. Il se jugeait vaniteux, entièrement adonné à lui-même. Il se revoyait à Pampelune et ne trouvait pas grâce à ses yeux. Des hommes étaient morts par sa faute. Il n'était pas accablé par sa conscience seule, mais surtout par cet amour du Crucifié pour tous les hommes, un amour qu'il avait bafoué, d'autant plus atrocement qu'il s'était toujours donné les apparences d'un chrétien. Les crachats sur la sainte face étaient les siens. Il avait flagellé le Sauveur et planté les clous dans ses poignets. Il avait ri devant le Calvaire. Malgré cela, le Christ était venu le chercher. Il l'attendait à Pampelune. Il s'était fait entendre dans cette chambre même. Il ne lui avait pas refusé l'amour dont il était indigne. À cette pensée, il était transporté de larmes, tout son corps meurtri secoué par la honte et par la gratitude. Il n'aurait pas assez de toute sa vie pour se perdre dans la tendresse de Dieu.

S'il marchait mal, il marchait tout de même à présent, et, s'appuyant aux murs froids, il pouvait descendre seul l'étroit escalier qui menait à la salle où se tenait la famille. Au début, il resta silencieux. Il souriait, mais sans ironie, lorsque son frère parlait de politique et il l'écoutait avec attention raconter la rentrée des moissons et la vie des villages qui leur étaient soumis. À Madeleine seule, il laissa paraître un peu de l'expérience qu'il avait connue dans la chambre haute, puis s'enhardit, lui révélant cette passion nouvelle dont son cœur brûlait.

Elle en fut stupéfaite. Elle voyait toujours en Inigo le petit garçon qu'il avait été, et le jeune page. Mais il était un homme à présent, un homme de guerre, qui s'était illustré au service du roi. Elle connaissait sa volonté, son entêtement, son intelligence et son absence d'illusions sur les hommes et les choses. Il avait négocié avec les Basques du Guipúzcoa et jeté Pampelune dans la résistance. Elle savait par Martín Garcia que les grands attendaient son retour dans le siècle. Le duc de Najera lui-même lui avait répondu, par une lettre où perçait, derrière les formules d'usage et malgré la différence de rang, une grande considération. Et c'était ce seigneur à la tête froide, au courage éprouvé, déjà illustre, qui parlait de pauvreté, de repentir, de se nourrir d'herbes et de mendier sa route jusqu'à Jérusalem.

Madeleine avait peur pour lui. Se pouvait-il que Dieu lui-même se fût adressé à Inigo, et seul à seul, sans prêtre, sans messe, sans cérémonie ? Martín Garcia fut également désarçonné lorsque Inigo lui fit part de ses résolutions. Sans le lui avoir jamais dit, il admirait son frère. Lui-même tenait sa place avec autorité, mais Inigo s'était montré capable d'accomplir plus que son devoir. Il aurait pu faire de grandes choses, et donner au nom des Loyola un surcroît de gloire. Et voici qu'il prétendait renoncer à ses biens et se cloîtrer dans quelque désert.

Martín Garcia ne mettait pas très haut les vagabonds franciscains. Il savait comment se vendent et s'achètent les cures. La plupart des clercs étaient de pauvres gens qui s'étaient fait tonsurer pour échapper à la glèbe, et l'arrogance des évêques, ces moutons qui jouent aux bergers, lui était insupportable. Il ne voyait pas sans horreur Inigo rejoindre leur misérable armée plutôt que celle du roi. Il passa de longues heures à essayer de l'en dissuader, mais Inigo demeurait inflexible et, plus encore, lui représentait avec calme que c'était peut-être lui, Martín Garcia, qui se laissait abuser. Il lui faisait remarquer que le Seigneur lui-même avait montré le caractère méprisable du pouvoir et de ses serviteurs, quand il avait permis à Ponce Pilate de tuer son fils et donné à Néron l'empire du monde. L'aîné renonça et se tut, impressionné malgré lui par la résolution du cadet. Requis par son service, il repartit pour Navarrete, laissant Inigo à cette solitude qui dressait autour de lui un mur infranchissable.

Cette fois, même le goût de rendre compte de ce qui

lui était arrivé était passé. Inigo témoignait beaucoup de douceur à Madeleine, mais tout en lui disant son désir de s'en aller. Il ne dormait plus que quelques heures par nuit, et le volume où il écrivait les paroles qui l'attiraient atteignait trois cents pages. Il pouvait marcher à présent, et qu'il fût resté boiteux le laissait indifférent. Marchant à l'aide d'une canne, il sortait sur le perron des Loyola et regardait d'un œil nouveau le village et la campagne, chaque maison, chaque arbre, la ligne de chaque vallée. Ce monde qu'il avait cru immobile et sûr était mouvant, au contraire, entraîné par Dieu vers un aboutissement, et Dieu réclamait des soldats ; car ce monde où il avait pensé que l'ordre protégeait le bien contre le mal était voué à l'affrontement du bien et du mal, à l'intérieur de chaque homme, de chaque institution, de chaque pays, jusqu'au jour du Jugement. À ce combat il ne se déroberait pas.

L'hiver approchait. La nuit, il priait des heures durant près des dernières braises du feu, et souvent jusqu'à l'aube. Il méditait sur les épisodes de la vie du Maître. Il essayait de savoir ce qu'il voulait de lui. Il lui demandait de l'éclairer. Puis, il restait silencieux, immobile, lui rendant par son attente même un peu de ce temps qu'il lui avait offert et dont il avait si mal disposé jusque-là. Assis, agenouillé, sans plus rien demander, sans plus rien vouloir, sans autre effort que celui de demeurer ouvert à cette brise légère qui peut-être passerait.

*

Un matin, peu avant Noël, il ne descendit pas comme il en avait l'habitude. Le jour était déjà haut. Madeleine s'inquiéta et vint frapper à sa porte sans obtenir de réponse. Elle pénétra dans sa chambre et le trouva agenouillé près de la fenêtre. Après quelques minutes, elle osa lui parler. Il tourna vers elle un visage où se voyait la trace des larmes, et où elle crut retrouver les traits de l'enfant qu'elle avait aimé. Elle le prit par les épaules pour l'aider à s'asseoir. Inigo restait silencieux. Elle ne lui avait jamais vu ce regard plein d'amitié. Cet homme était le même et il était un autre. Elle resta près de lui sans parler. Après un long moment, Inigo lui dit, d'une voix sourde, en cherchant ses mots, que vers quatre heures, alors qu'il priait en silence, il avait vu la Vierge, près de lui, dans sa chambre. Il n'y avait pas cru tout d'abord, avant d'être envahi par un sentiment d'une puissance et d'une douceur incomparables, où se mêlaient le dégoût pour les fautes de sa jeunesse et la certitude du pardon. La Vierge était une ombre et c'était une personne. Elle tenait l'Enfant dans ses bras. Il aurait voulu se jeter à terre, mais l'inutilité d'un tel geste l'avait saisi. La chambre avait été envahie par cette présence silencieuse ; et, d'un coup, un fardeau lui avait été enlevé.

À mots hésitants, il le dit à Madeleine qui devina alors pour la première fois quelle vie avait été la sienne à Arevalo, à quelles impulsions il avait cédé, de quels remords il souffrait, et pour quelles fautes. Renversé sur sa chaise, face à la fenêtre, Inigo réchauffait son visage épuisé aux premiers rayons du soleil.

S'il retournait dans le monde, saurait-il se garder des tentations qui ne manqueraient pas de l'assaillir à nouveau ? Il savait à présent qu'il était aussi faible qu'il était courageux. Il craignait de n'être pas assez fort pour interpréter les signes que la Providence lui adresserait chaque jour. Il se sentait parfois débordé par la masse des événements et des sentiments qui l'avaient affecté depuis Pampelune, par cette vie et qui ressemblait davantage à un douloureux chaos qu'à la manifestation de la volonté de Dieu.

Méditer sur le bon larron lui rendait son calme. Le bon larron, comme lui, avait mené une vie désordonnée et ignorante. Il n'avait pas connu le Christ. Il ne l'avait pas accompagné au hasard de ses errances. Jésus ne lui avait pas demandé de le suivre, ne lui avait montré aucun miracle. Il ne l'avait pas vu multiplier les pains, ressusciter un mort, guérir un lépreux, marcher sur les eaux. Il ne l'avait pas vu, sur le Thabor, resplendissant de la gloire de Dieu. Il ne lui avait pas dit qui il était. Pourtant, à la fin, crucifié à sa droite au milieu des rires et des insultes de la populace, il était resté sourd à la rumeur de la ville, et s'était seulement tourné vers cet inconnu pour lui demander, non pas même une place, mais qu'il se souvînt de lui dans son Royaume — et nul, sinon le Christ, n'aurait pu comprendre le sens qu'il donnait à ce mot. Alors la promesse qu'il y entrerait le soir même, avant Pierre et les apôtres, avant les patriarches, lui avait été faite. Lorsque Inigo avait l'impression de marcher dans une nuit épaisse, quand l'écœurement le prenait, il restait immobile, debout, et les mains ouvertes murmurait sans fin : « Seigneur, souviens-toi de moi. »

Il était allé plusieurs fois à Burgos, dans l'église de Miraflores où sont enterrés les rois de Castille. Des moines silencieux y priaient sans relâche. Au-dessus du portail aux armes royales, une descente de croix en ronde-bosse sur la pierre grise et nue. Il se souvenait des silhouettes blanches des chartreux qui vivaient comme au temps de Bruno de Cologne dans les montagnes du Dauphiné, à la manière des ermites d'Égypte, seuls à seul avec Dieu. Là il trouverait un jour, après des années d'ascèse, la paix dans la solitude. Il comblerait son désir de jeûnes et de mortifications. Les chartreux voulaient imiter le Christ du désert, celui qui subit les assauts du diable, celui aussi qui se retire à l'écart, dans la montagne, pour prier. Ils avaient choisi la voie la plus rude, mais aussi la plus courte. Ils ne consentaient à aucun accommodement avec le monde, dans l'espoir qu'après de dures épreuves — y compris celle du silence de Dieu — leur obéissance et leur fidélité leur seraient comptées et qu'ils pourraient, s'ils le voulaient, jouir d'un bonheur inconnu. Ils vivaient, chacun seul dans son ermitage, s'efforçant à Dieu, dans l'attente de son passage, formés par lui jour après jour, et le chantant ensemble toutes les nuits. Ils étaient morts aux illusions dès avant la mort, et se faisaient enterrer dans des tombes où leur nom n'apparaissait pas.

Inigo avait copié dans son livre la phrase d'Augustin : «Aux amis du monde il n'est pire labeur que de demeurer sans labeur», et aussi celle de Guigues, qu'il avait eu du mal à traduire du latin : «Tu n'as pas été créé pour être vu, connu, aimé, admiré ou loué, mais pour voir, connaître, aimer, admirer et louer le Seigneur. Aussi cela seul t'est utile, et rien d'autre.» Dieu sans doute le voulait en chartreuse, à mener une vie en tout point contraire à celle qu'il avait rêvée.

Chaussé d'espadrilles de corde et appuyé sur un bâton, Inigo quittait Loyola à la fin du jour et gagnait l'ermitage de Notre-Dame-d'Elosagia. C'était une petite chapelle paysanne au flanc d'une colline pelée, à une demi-heure de marche. Il s'asseyait sur un banc, sous le porche, dos au mur et la tête appuyée contre un bénitier, et regardait tomber la nuit. Il ne sentait pas les premiers froids de novembre et se perdait dans le scintillement des étoiles, sans plus rien vouloir, attentif et patient. Son âme ne désirait plus qu'une chose : la solitude avec Dieu.

Ce fut en revenant d'une de ces promenades qu'un serviteur lui montra, sur le mur ouest de la maison, une grande lézarde qui le parcourait du haut en bas. Il lui raconta que, deux heures auparavant, une grande secousse avait ébranlé le bâtiment, y laissant cette faille. Balbutiant, il y voyait l'action du diable et se signait. Inigo haussa les épaules et le réconforta en souriant. Il lui dit que le diable n'était plus désormais qu'un vaincu dont rien n'était à redouter pour peu que l'on menât la vie que Dieu voulait, et il s'adressait aussi à lui-même. Puis il regagna sa chambre et s'étendit sur son lit, dans la position qu'il avait dû garder pendant des mois, réfléchissant encore.

Le lendemain, il faisait part à Madeleine de son désir de devenir chartreux. Il pensait au monastère de Las Cuevas, près de Séville, assez lointain pour qu'il pût y vivre caché. Il se décida finalement pour la chartreuse de Burgos. On y dépêcha un domestique pour y prendre des informations sur la règle. Le temps qu'il revînt, ce désir-là aussi s'était refroidi, laissant Inigo plus incertain encore. Il priait sans relâche. Il méditait le passage de l'Évangile où Jésus recommande de se faire semblable à celui qui, voulant construire une tour, commence par s'asseoir et calculer la dépense, ou au général qui s'efforce d'évaluer les forces dont dispose l'adversaire. Il imaginait la patience de Dieu. Il entrevoyait que la voie qu'il finirait par prendre ne serait peut-être même pas la voie définitive dans laquelle Dieu l'appelait, mais qu'il était nécessaire qu'il l'empruntât pour un temps. Et s'il ne demandait plus qu'une seule chose, il la demandait sans relâche : savoir demander, en toute sincérité, de faire seulement la volonté de Dieu, et non la sienne. Il lisait et relisait *La Légende dorée*, s'arrêtant chaque fois à la parole adressée à François d'Assise : « François, prends les choses amères pour douces et méprise-toi toi-même, si tu aspires à me connaître. » Il ne voulait rien d'autre. Il lui fallait donc se laisser guider par ces mots, et cheminer inconnu à travers le monde, comme un pèlerin que l'on ne remarque pas ou que l'on traite avec mépris. Il en était sûr désormais. Bientôt il se mettrait en route.

Noël approchait. Il marchait seul dans la montagne, s'enivrant de l'air cristallin, regardant en contrebas la ville qu'il allait bientôt quitter, comme un homme que plus rien ne retient et qui pour cette raison voit avec précision mille détails négligés jusque-là. Il passait de longues journées à la porte de l'ermitage d'Elosagia, où il était soustrait au pouvoir des heures, à l'illusion du temps. Puis il revenait à pas lents vers le château où il s'agenouillait dans la chapelle, au pied d'une statue de la Vierge. Il lui confiait son voyage : il cheminerait jusqu'à la mer, vers Barcelone, en passant par la sainte montagne de Montserrat, et de là il poursuivrait vers Jérusalem. Il lui demandait de le secourir, et puis il demeurait silencieux.

*

Le bourg de Loyola sommeillait sous la neige. On avait rentré les troupeaux, et dans la montagne les ruisseaux étaient gelés. Le ciel n'avait jamais été aussi pur. C'était en 1522, à la fin de février. Huit mois avaient passé depuis Pampelune. Au matin, Inigo fit part à sa famille de sa décision d'aller rendre visite au duc de Najera, à Navarrete. Il ne leur dit rien d'autre. Madeleine ne répondit pas, puis, après un moment, sortit pour pleurer sans être vue.

Martín Garcia, lui aussi, avait compris que, pour Inigo, cette visite au duc était un adieu à ce qu'il avait aimé naguère et que, sitôt qu'il l'aurait faite, il entreprendrait son voyage.

Une dernière fois, il voulut en dissuader son frère, plaidant d'un bout à l'autre du château, tantôt s'emportant contre ces chimères qui l'avaient pris, tantôt le suppliant, au nom de la famille et de l'honneur du nom. Les Loyola avaient toujours fidèlement servi Dieu et le roi. Dieu avait établi le roi pour son service, si bien qu'en le servant Inigo servirait aussi le Créateur. D'où lui venait donc cette folie de les opposer, et pire encore de choisir Dieu seul sans embrasser aucun état ? Il n'était ni prêtre ni moine régulier. Par quel égarement pouvait-il penser que Dieu l'appelait, hors des ordres qu'il avait voulus, à se faire vagabond ? Irait-il donc comme un illuminé par les routes, pour finir égorgé au détour d'un bois, s'il n'était pas condamné à pourrir dans une geôle de l'Inquisition ? Et qui, d'ailleurs, avait-il consulté avant de se jeter ainsi à l'aventure ? Il ne s'était ouvert de ses projets ni au curé de Loyola ni à aucun ministre du culte. Il ne s'était pas même confessé depuis sa blessure. D'où tenait-il que Dieu lui ordonnait de se faire mendiant, et non le démon ? Et de quel orgueil n'était-il pas coupable en exposant au déshonneur la maison de Loyola, au lieu de tenir son rang et, bien qu'il lui en coûtât — pour un temps —, de reprendre sa place sous les armes ? Sans doute les souffrances l'avaient-elles éprouvé plus durement qu'il le pensait ; et Martín Garcia de lui citer l'exemple de cet officier qui, laissé pour mort à Noain, avait erré des semaines dans la campagne après sa guérison, ne pouvant plus supporter le son de la voix des hommes. C'étaient là choses courantes à la guerre. Peut-être Inigo devrait-il rester jusqu'au printemps à Loyola. S'il le voulait vraiment, ils iraient ensemble à Séville ou à Burgos voir l'évêque ou le prieur de la chartreuse. Rien ne pressait.

Inigo l'écoutait avec attention, sans manifester d'impatience, mais sans répondre. Il aimait son frère. Il lui était douloureux de le trouver désormais aussi éloigné de lui. Martín Garcia était l'aîné. Il ne voulait pas l'offenser. Il lui promit qu'il réfléchirait en chemin. Son frère ne put rien en tirer d'autre. Le lendemain, lorsqu'il vint le chercher pour le conduire aux portes de Loyola, il se prit à espérer : Inigo, vêtu avec élégance, accompagné de deux serviteurs, paraissait heureux d'être en selle dans le vent froid du matin. Martín Garcia le retrouvait tel qu'il l'avait connu. Il se dit qu'une bonne chevauchée aurait raison des rêves absurdes qu'il avait chéris pendant sa réclusion, et à cause d'elle. Inigo l'embrassa avec émotion, mais lorsqu'il se retourna sur la route, ce fut dans l'espoir d'apercevoir Madeleine — en vain. Alors il prit le trot sans parler, obligeant ses compagnons surpris à le suivre.

90

Une seule crainte l'obsédait, celle de retomber dans le péché de la chair, par lequel il avait été tant de fois vaincu. Il avait été rassuré de lire dans Voragine que de nombreux saints l'avaient combattu. «Tu te comportes en ce monde, avait écrit Guigues, comme si tu y étais venu pour contempler et admirer les formes du corps.» Il se promit de s'arrêter d'abord au sanctuaire d'Arantzazu et de s'y vouer à la Vierge.

Les voyageurs cheminèrent longtemps sans parler. Le fer des chevaux faisait crisser la terre gelée et la campagne déserte était étrangement immobile. Outre les deux serviteurs, son frère Pero Lopez accompagnait Inigo. C'était pour défendre sa cure qu'il s'était battu avec le parti franciscain sept ans auparavant. Il avait souhaité accompagner Inigo jusqu'à Oñate, où vivait leur sœur Madeleine. Pero Lopez était un homme trapu et rieur, aux cheveux épais et frisés, aux yeux clairs, qui plaisait beaucoup aux femmes et ne prenait rien au sérieux. Il avait, au su de tous, deux ou trois enfants naturels qui jouaient au village. Comme tout le monde savait que la famille de Loyola lui avait attribué cette cure pour ne pas en perdre le bénéfice, Pero Lopez n'était pas tenu pour un prêtre indigne, mais pour une sorte de fonctionnaire de Dieu nommé par protection. Il ne ménageait pas sa peine lorsqu'il fallait aller loin dans les montagnes porter les derniers sacrements. Pero Lopez était aimé. Inigo ne le jugeait pas.

Lorsqu'il lui fit part de son désir de s'arrêter à Arantzazu, Pero Lopez protesta que cette station allongerait leur chemin, et qu'il se trouvait aussi des statues de la Vierge à Oñate, mais sans insister, et comme pour faire honneur à la réputation de légèreté qui était la sienne. Ils poussèrent leurs chevaux sur le chemin des pèlerins qui serpente au flanc de collines pelées où affleurent les cailloux. Le ciel était gris et bas. Une chape de froid leur tombait sur les épaules. Inigo avait toujours aimé le récit de l'apparition de 1469 : le petit berger Rodrigo de Balzategui ramenant ses bêtes, et la mère de Dieu lui apparaissant dans un buisson, à laquelle il demande simplement : « *Arantzazu ?* » ce qui veut dire : « Tu es dans les épines ? » Les deux serviteurs, quant à eux, étaient heureux du détour. Inigo chevauchait en tête, regardant les pentes arides et s'efforçant d'imaginer la scène de l'apparition. C'était à l'ombre douce et tendre entrevue dans sa chambre qu'il pensait. Au détour du chemin, alors qu'ayant cessé de méditer il franchissait à gué un petit torrent, son cœur déborda tout d'un coup de la même gratitude que cette nuit-là, sans qu'il l'eût demandé, et ses compagnons surpris virent deux larmes rouler dans sa barbe noire.

Ils arrivèrent à la nuit tombante. Le sanctuaire était flanqué d'un couvent de franciscains, où Inigo demanda des chambres de passage pour ses serviteurs et pour son frère, qui avait disparu et buvait de petits verres d'eau-de-vie dans une taverne à pèlerins. Depuis qu'il avait dû se battre pour sa cure, Pero Lopez se méfiait des franciscains, qui aiment, disait-il, la nature plus que les hommes et sont toujours prêts à vous donner le bâton.

Inigo s'attarda un moment avec le portier, petit moine court et silencieux dont les yeux brûlaient. Celui-ci lui donna une écuelle de brouet qu'il mangea assis sur les marches du couvent. Ayant remarqué la jambe enflée du voyageur, et comment il avait entaillé sa botte au-dessous du genou pour se donner de l'aisance, il lui apporta une pommade d'herbes. L'ayant appliquée, Inigo s'en fut au sanctuaire. Il avait déjà vu Andra Mari plusieurs années auparavant, alors qu'on la préparait pour une procession. C'était une statue de pierre posée sur un bloc d'aubépine hâtivement taillé, représentant la Vierge assise sur un coffre, tenant de sa main droite un globe terrestre et de la gauche l'Enfant Jésus assis sur son genou, et qui levait la main droite en signe de bénédiction. La statue donnait une impression de puissance et de sérénité. Une sorte de halo entourait la mère et l'enfant, comme s'ils eussent, dans leur simplicité rustique, partie liée avec le ciel, le mouvement des astres, l'histoire du monde.

Cette fois, la Vierge n'était plus la même. Les moines l'avaient recouverte d'une dalmatique brodée d'or, et sa tête était coiffée d'une haute couronne royale. On ne voyait plus l'enfant.

Inigo s'agenouilla dans la pénombre de la chapelle faiblement éclairée par les cierges, au milieu de la dizaine de pèlerins qui se trouvaient là. Il faisait face à la Vierge, dont la statue reposait dans une niche de bois finement travaillée, un grand soleil d'or encadrant sa tête et ses épaules. Il reconnut pourtant son beau visage large et calme, et lui confia son vœu de chasteté en murmurant tout bas : peu de mots, presque pas de phrases, ce qui comptait pour lui. Quelles avaient été ses fautes à Arevalo, et comment il ne les avait jamais avouées à personne, sauf au soldat de Pampelune, qui ne pouvait pas l'en absoudre ; qu'il savait à présent, sans pouvoir l'expliquer, que la chair appelait l'orgueil et l'orgueil la tristesse ; qu'il lui fallait commencer par réformer la chair. De cela il était sûr, comme de sa faiblesse si Dieu ne l'aidait pas. À la lueur des cierges, la statue semblait bouger doucement, et la nuit voilait de noir la moitié de son visage. Inigo s'adressait aussi à l'enfant caché sous le manteau, comme il avait été caché dans sa vie, comme s'il l'était encore dans le monde, mais en répétant la phrase de ce saint du désert qu'il avait apprise à Loyola : «Comme tu vois et comme tu sais, Seigneur, aie pitié.»

En dire plus eût été s'étourdir, oublier Dieu encore davantage, puisqu'il connaît le cœur des hommes avant qu'ils ne parlent. Après avoir longtemps prié à genoux, Inigo s'assit, les yeux ouverts, fixant le visage de la Vierge. Il n'éprouvait plus le besoin de rien dire et son esprit ne se dispersait pas. Il ne confiait rien, ni n'apprenait rien non plus, il était seulement là, davantage qu'il n'avait été à Arevalo ou à Pampelune. Il y resta jusqu'à la pointe du jour, où il sortit en boitant, la jambe raide et froide. Il neigeait un peu.

En attendant que ses serviteurs eussent préparé les chevaux, il s'assit sur les marches du couvent et tira son gros livre de son sac, l'ouvrant au hasard. Il trouva la parabole du Samaritain. Il l'avait lue jusqu'à présent comme une incitation à ressembler au Samaritain, qui panse les plaies du blessé laissé pour mort par des brigands sur la route. Cette fois, il se vit à la place du blessé, dépouillé par l'Adversaire, qu'un étranger relève, panse, et conduit à l'auberge pour qu'il y reprenne des forces. Le portier des franciscains, qui l'avait vu, sortit avec un bol de soupe chaude et des onguents. Inigo décida de se rendre au plus vite au Montserrat. C'était l'auberge de la parabole. Il ne lui restait qu'à faire étape par la résidence du duc pour y trancher les liens qui le retenaient au monde, ou plutôt pour prendre acte qu'ils avaient déjà été tranchés. Il remercia le franciscain comme on remercie le porteur d'une bonne nouvelle. Il y avait quelque chose de touchant chez cet homme dont le regard était lent, attentif, la démarche et les gestes étonnamment rapides.

Inigo vérifia ses sacoches et se mit en selle. Au sortir du village, il retrouva Pero Lopez, qui était d'humeur maussade. Il ne lui en demanda pas la raison. Ils chevauchèrent deux jours pendant lesquels Inigo se tut. Ils dormirent une nuit dans la cure d'une église, et l'autre à la belle étoile, autour d'un feu de chardons et de branches de châtaignier. Le corps et l'esprit d'Inigo tremblaient d'une résolution joyeuse, et il se sentait de taille à transporter des montagnes, malgré cette jambe tuméfiée qui le lançait. Après deux jours ils arrivèrent à Oñate. À l'entrée de la ville, Inigo fit ses adieux à son frère. Malgré les objurgations de Pero Lopez, devenu grave tout d'un coup, il ne voulut pas s'arrêter, ne fût-ce que quelques heures, et revoir sa sœur Madeleine. Il garda avec lui l'un des valets. C'était l'homme qui lui avait dit que le diable avait ébranlé la maison de la famille, un jour qu'il priait à l'ermitage. Les deux cavaliers piquèrent des deux vers Navarrete. Alors qu'ils franchissaient un torrent, son compagnon respira profondément l'air humide et annonça à Inigo que le dégel était proche.

*

On entendait dans l'antichambre le bruissement inté-
ressé des courtisans. Vêtu en habits de guerre, d'un vieux
pourpoint sans broderies et d'une casaque de cuir, le duc
de Najera s'apprêtait à quitter ses domaines lorsqu'on lui
annonça l'arrivée d'Inigo de Loyola et qu'il lui demandait audience. Il s'assit et relut la lettre de Martín Garcia
qui lui était parvenue la veille. Le jeune Loyola voulait
se faire moine, ermite ou vagabond et n'avait chevauché
jusqu'à Navarrete que pour lui faire ses adieux. Il envoya
chercher le premier gentilhomme de sa chambre, et lui
enjoignit de répondre à Inigo qu'étant sur le point de
voyager il n'aurait pas le temps de le recevoir. Il y mit un
peu d'humeur. Il n'y avait pas si longtemps que, dans une
lettre, Inigo protestait de son dévouement et de son désir
de reprendre du service. Le duc, qui connaissait sa valeur,
lui avait réservé la lieutenance de l'un de ses domaines, et
voilà que le jeune Loyola voulait tout quitter.

Le gentilhomme s'étonna de la mission qu'on lui
donnait. Loyola était un homme remarquable, à la fois
héroïque et froid, et sa défense de Pampelune avait été
exemplaire. Le roi lui-même l'avait cité en exemple.
Sans doute était-il trop entiché de point d'honneur, mais
était-ce un défaut? On disait aussi qu'il n'était guère
scrupuleux, surtout avec les femmes. Il n'y avait rien là
qui pût conduire le duc à lui refuser sa porte. Le gentilhomme l'avait entrevu devant le château, maigre, boiteux,
le regard droit et dégageant une grande impression
d'énergie. Quels motifs — s'enhardit-il à demander —
pouvaient justifier que le duc se passât des services d'un
tel chevalier?

Le duc considéra avec étonnement son gentilhomme,

resté jusque-là fort silencieux, et il fut surpris qu'Inigo l'intéressât autant. Quelques regards et un début de légende y avaient suffi. Le duc s'abîma quelques instants dans ses souvenirs puis, en peu de mots, expliqua qu'Inigo de Loyola avait trouvé un meilleur maître que lui et que le roi lui-même. Après quoi il fit appeler son intendant, et lui ordonna de payer sur-le-champ ce qu'il lui devait pour ses services passés, parce qu'il n'entendait pas rester débiteur d'un tel homme.

Prévenu que le duc ne souhaitait pas le voir, Inigo ne s'en soucia pas. Le gentilhomme qui l'en avait informé s'étonna de cette indifférence. Que le duc lui tînt rigueur, ou qu'il fût occupé à préparer la réception en l'honneur du cardinal d'Utrecht qui venait d'être élu pape et devait passer par la ville, ou qu'il fût simplement sur le point de rejoindre la cour, c'étaient là choses sans importance.

Inigo donna reçu à l'intendant et paya scrupuleusement les dettes qu'il avait contractées naguère. Le surplus lui servit à faire restaurer, dans l'église paroissiale, une image de Marie qui se délabrait. Lorsqu'il l'apprit, le duc resta songeur, non pas à cause de ce geste pieux, qui rappelait celui de François d'Assise à Saint-Damien, mais à cause de la tranquille assurance pratique d'Inigo : il s'était fait payer; il avait remboursé ce qu'il devait et donné le reste, sans, pouvait-on l'imaginer, une parole de trop, sans exaltation. Il y retrouvait l'Inigo des missions difficiles dans le Guipúzcoa. Pourtant c'était un autre. Inigo renvoya son dernier serviteur à Loyola. Puis il se rendit en ville, troqua son cheval contre une mule, et prit seul la route du monastère de Montserrat.

*

Magellan était rentré au port, et Cortès était capitaine
de la nouvelle Espagne. Les Français avaient été chassés
du Milanais. Soliman le Magnifique commençait de
menacer Rhodes, vestige des croisades mal défendu par
les chevaliers de Saint Jean.

Inigo chevauchait seul dans la vallée de l'Èbre, gagnant
la Catalogne par Logrono et Tudela. Il aimait ces longues
heures tranquilles. Il répétait la même prière, un seul
verset de psaume trouvé chez Ludophe : « Je ne poursuis
pas de grands desseins, ni de merveilles qui me dépassent », à quoi il ajoutait les mots « prends pitié de moi,
Seigneur ». Il écoutait avec plaisir les bruits du printemps,
et s'enivrait de ses parfums, quand le premier soleil, au
sortir de la nuit fraîche, frappait le maquis des gorges où
roulent les torrents. Il était heureux de ne plus appartenir
qu'à Dieu. Il portait encore la livrée du siècle, ses beaux
habits de chevalier, mais il n'y attachait plus d'importance.
C'était une mule qu'il montait désormais, et il cheminait
casaque largement ouverte, une gourde de vin basque
autour du cou, la botte fendue de la cheville au genou
pour libérer sa jambe, sans plus se soucier de tenue ou
d'allure. L'épée de parade qui battait contre ses fontes, il
avait résolu de la donner en l'accrochant aux grilles d'une
église. Ses pensées étaient plus simples. Il gardait son cœur
et son esprit. Il était au service du divin maître et saurait le
montrer par de nombreux exploits. Le chevalier de cour
était devenu un chevalier de fortune. Souvent, à travers
sa chemise, il portait la main à une image de la Mère des

douleurs. Le soir, dans les auberges, il se flagellait jusqu'au sang. Il lui venait parfois l'idée qu'il avait transporté dans sa nouvelle vie quelques-unes des chimères de l'ancienne, mais il la chassait avec gaieté : il donnerait tout ce qu'il pourrait, et Dieu ferait la part des choses.

Aux environs de Pedrola, sa route rencontra celle d'un Maure. C'est ainsi que ses biographes le désignent, à la suite du récit du pèlerin, qu'il dicta à la fin de sa vie. Ce Maure a pour nous un côté pittoresque, presque irréel. On croirait le riche marchand de Salé dont Robin Crusoé devient l'esclave. L'Espagne de cette époque se trouvait établie aux marges de la chrétienté. Le royaume d'Isabelle et de Ferdinand, plus tard de Charles Quint, étonnait les voyageurs par son étrangeté. Les « infidèles » étaient partout présents dans la société chrétienne, et pendant longtemps le pays conserva mauvaise réputation aux yeux des humanistes du Nord. C'est ainsi qu'Érasme refusait, en 1517, l'invitation du cardinal Cisneros, au motif que les juifs étaient encore si nombreux en Espagne que « c'est à peine s'il y avait des chrétiens ». Il en allait de même des Arabes, trente ans après la Reconquête.

Inigo et son nouveau compagnon firent route de concert. Le Maure était un homme aimable et disert. Il ne lui dissimula pas de s'être récemment converti. Inigo lui parla de la Dame d'Arantzazu. Les musulmans vénèrent la Vierge, et celui-là avait lu le Coran. Il refusa avec discrétion de regarder l'image qu'Inigo portait sur lui. Ils passèrent de bonnes heures ensemble, partageant leurs provisions aux étapes. Vers le soir, après être restés silencieux, regardant la campagne, chacun absorbé dans sa rêverie, la conversation reprit. Inigo, toujours soucieux d'exactitude, énumérait ses raisons d'aimer la Vierge et le Maure l'écoutait avec bienveillance. Il dit quelques mots de la perpétuelle virginité de Marie. Le Maure avait vécu et voyagé. Il avait plusieurs femmes. Il fit remarquer à son compagnon que s'il admettait fort bien que Marie ait conçu sans homme, il lui paraissait impossible, et d'ailleurs inutile, d'imaginer qu'elle fût restée vierge après l'accouchement. La nature s'y opposait. Ignace lui exposa ses raisons. Il s'emportait un peu. Au milieu d'une phrase, le Maure éperonna sa mule et disparut dans un nuage de poussière, laissant Inigo interdit.

D'abord Inigo rit, d'un rire puissant, inextinguible. La route sèche, poussiéreuse, l'âcre parfum des fleurs sauvages, la beauté des choses et le Maure qui détale, en suspension sur ses étriers, fouettant au sang sa pauvre mule. La vie valait d'être vécue. Il y avait de bons moments, piquants, inattendus. L'homme l'avait pris sans doute pour un agent de l'Inquisition. On se croit un Loyola, un homme de guerre, un serviteur de Dieu, et le premier venu vous confond avec un petit délateur.

Puis il devint sombre. Quand même, Notre-Dame, c'est à elle qu'il devait tout. Il l'avait entrevue dans la chambre haute. Il s'en était remis à elle. Il avait déposé à ses pieds le souvenir de la pauvre fille d'Arevalo. Il lui avait demandé de le garder, parce qu'il se connaissait. Qu'il suffisait encore d'une jolie femme, d'un certain genre de silhouette, d'un regard, pour lui faire tout abandonner. Dieu lui-même savait que pour lui l'invisible ne l'emporterait pas sur le visible ; que rien ne battrait les prestiges, les attraits de cette terre, s'il était laissé à lui-même. C'est pour cela qu'il avait permis que la Vierge lui apparût, afin qu'il pût se souvenir de quelque chose de réel, quand le doute viendrait. Et le doute n'était si fort que parce qu'il préparait et justifiait la faute, le retour à ces plaisirs enchanteurs qui l'avaient si longtemps fait vivre.

Il aurait dû donner à ce Maure, se disait-il, quelques bons coups d'épée. Il aurait dû trancher. Il n'en avait rien fait. Il avait laissé insulter sa protectrice. Il l'avait trahie. Il en souffrit et il eut peur de se retrouver seul, sans elle, exposé à tout. Il rattraperait ce Maure et le tuerait.

Mais aussi c'était trop facile. Un marchand désarmé, un converti fuyant sur sa pauvre mule au milieu d'un désert. Dieu ne l'avait pas amené là pour lui faire assassiner un homme, car ce serait un assassinat. Fût-ce pour l'honneur de la Vierge. On peut à chaque instant choisir entre le bien et le mal, à Pampelune, dans une chambre ou au milieu de nulle part. Où était le bien, et où le mal, et qu'est-ce que Dieu voulait de lui? Loin, dans l'éternité, que préférait-il?

Alors il décida de le laisser choisir. Le Maure se rendait, lui avait-il dit, à un village des environs. Inigo laisserait sa mule aller libre au carrefour, bride sur le cou. Si elle prenait le chemin du village, il tuerait cet homme, quelque regret qu'il pût en avoir.

S'en étant remis au sort, il chevaucha tranquille, mais aussi profondément triste. Il mesurait combien il était ignorant des volontés de Dieu, et incapable de se déterminer par lui-même. Et les oripeaux de sa vie passée lui collaient aux épaules. Les romans de chevalerie l'habitaient encore. La pâte n'avait pas encore levé. Ce fut alors qu'il prit la décision de n'être plus qu'un pèlerin. Un pèlerin, et un étranger sur la terre. S'il avait dit adieu à Loyola et à Navarrete, il n'avait pas encore abdiqué sa condition de chevalier. Il se promit de le faire au Montserrat, dans une veillée d'armes qui, contrairement à toutes les autres, ne marquerait pas son entrée dans la carrière de l'honneur, car il la quittait pour toujours. La mule continua d'avancer, dédaignant la route du village.

Le soir même, il atteignait Igualada, au pied du monastère. L'auberge était pleine. Il s'endormit dans un verger clos de murs, sous un pommier. Le lendemain, il acheta l'habit qui convenait : une tunique de chanvre, une ceinture de corde, un bâton, une gourde et une paire de sandales. Il était prêt. Il mit ses vêtements dans son sac, sous le gros livre où il avait recopié les mots qui l'avaient frappé à Loyola, et monta vers le monastère.

Il ne savait pas bien ce qu'il venait y chercher. C'était vers Jérusalem qu'il entendait se diriger, en mendiant son chemin, sans rien conserver sur lui d'inutile.

*

Le Montserrat était alors célèbre dans toute l'Europe. En haut de cette montagne blanche et comme découpée au hachoir, des ermites avaient vécu depuis le IXe siècle, parmi les rochers, dans des grottes peu accessibles. Après avoir franchi le Llobregat, on voyait ce Sinaï catalan s'élever brusquement au-dessus des terres brûlées. Quelques années auparavant, le frère du cardinal Cisneros avait réformé le monastère bénédictin construit en 1030. Du haut de l'édifice, le regard embrassait la vallée du Llobregat et la plaine de Catalogne, jusqu'à la mer.

Inigo fit le chemin à pied, tenant sa mule par la bride. Il s'éleva doucement parmi les blocs de calcaire, enivré par l'âcre parfum des bosquets de thym chauffés par un soleil dur, étourdi par le froissement de milliers d'autres pas sur la route. Partout un sol aride où poussaient, de loin en loin, un figuier, un olivier. De vieux canaux d'irrigation, abandonnés, semblaient retourner au désert.

C'était le 21 mars, fête de saint Benoît, et des pèlerins en nombre étaient venus d'Espagne, de France et d'Italie. Le monastère apparaissait et disparaissait en haut de la route, surplombant le chaos des arbres et des pierres : une retraite au bout du monde, où des hommes apparemment immobiles poursuivaient leur course vers Dieu. Inigo se souvint de la vie de saint Benoît et fut envahi par un grand désir de silence. Si Dieu ne parlait pas, c'était à cause du vacarme des hommes, qui le fatiguaient par tant de paroles intéressées.

On se tait en présence du roi. Il voulait se taire en présence de Dieu. La plupart des mots que prononçaient les hommes étaient inutiles, et les autres étaient impurs. Aux portes du monastère, il conduisit sa mule dans une écurie, donnant un peu d'argent au palefrenier pour qu'elle fût bien soignée, et prit son sac et son épée.

Il ne voulut pas entrer tout de suite, et se fit indiquer le sentier des ermitages. Celui-ci contournait le monastère et piquait vers la haute falaise qui le dominait et dans laquelle les ermites avaient creusé leurs grottes. Inigo parvint, non sans mal, jusqu'à mi-pente puis obliqua au hasard sur la droite. Au-dessous de lui, il voyait le campanile de l'abbaye, puis la vallée encaissée où cheminaient les pèlerins. Sa jambe lui faisait mal et la sueur lui couvrait le visage. Il but à sa gourde un peu de vin coupé d'eau, et le souvenir des pentes de la forteresse de Pampelune lui revint d'un coup, avec celui de la charge avortée des cavaliers français et de la mort de l'estradiot. Le soleil l'éblouissait. Il se signa et reprit sa route. Il traversa un petit bois de chênes-lièges, puis dut marcher sur une arête de calcaire qui surplombait un à-pic. En contrebas, sur une terrasse, une chapelle rudimentaire était creusée dans le roc. Il déposa son sac et retira ses bottes. Sa jambe tuméfiée le faisait souffrir, et il pouvait à peine plier le genou. Les pieds nus, il entra en boitant dans la pénombre fraîche. Derrière lui, un disque de lumière d'une blancheur éclatante, et devant lui un mur naturel où il ne distinguait rien. Ses yeux s'habituèrent, et il vit une crucifixion maladroitement sculptée dans un morceau de chêne fixé au mur. Au bas de la planche était gravé le mot : « saint Dismas ». L'ermitage était dédié au bon larron. Des larmes heureuses lui vinrent, et, parce qu'il ne pouvait s'agenouiller, il s'étendit de tout son long pour prier, sur le dos, le visage levé vers le plafond de la grotte et les bras en croix.

Lorsqu'il sortit de la grotte, le soir tombait. Il décida de passer la nuit sur la terrasse. Un vent fort sifflait à travers les aiguilles calcaires. Quelques aigles tournaient dans le ciel. En contrebas, le monastère surplombait l'océan noir de la vallée. Des lumières s'y allumaient une à une. Il se servit de son épée pour couper quelques branches mortes, disposa des pierres en rond et alluma un feu, puis il prit son gros livre et lut les pages qu'il avait copiées sur la vie de saint Benoît. Comme lui, Benoît de Nursie avait connu des tentations si fortes qu'il ne pouvait les dompter qu'en se roulant dans les épines ; mais à la fin, il s'était perdu en Dieu et Dieu l'avait guéri. Lorsque le feu s'éteignit, il ne le ralluma point et passa une grande partie de la nuit à regarder les étoiles, comme il faisait à Loyola.

*

Dom Chanon avait été, longtemps auparavant, curé de Mirepoix, en pays cathare. À quarante ans, il avait préféré la retraite et le silence, et il était venu au Montserrat. Il parlait l'espagnol à merveille. Il en imposait par sa haute stature, son calme, la distinction de ses manières, mais surtout par son humilité. Il avait d'abord été chargé par l'abbé des fonctions de sous-prieur, puis de prieur et maître des novices. Après dix ans, il avait demandé à être déchargé aussi de ces offices, afin de se préparer à rencontrer Dieu en simple moine. Lui qui avait toujours mené, avec la permission de l'abbé, une dure vie d'ascèse où les mortifications ne manquaient pas, lui avait dit à cette occasion : « Il me semble que je n'ai pas encore commencé à faire pénitence. » Et tout son être était joyeux et semblait bondissant.

Il vivait un peu à l'écart et n'était sollicité que pour les cas graves. L'abbé le dispensait du chapitre, sauf lorsque la question était importante. Alors dom Chanon s'exprimait de sa voix douce, sans jamais froisser l'opinion contraire. L'abbé lui-même et quelques moines âgés l'avaient choisi pour confesseur. S'il lisait Tauler, Maître Eckhart et surtout Ruysbroeck l'Admirable, il n'en paraissait rien. Il n'en parlait jamais et se montrait toujours simple et facile. Il était devenu l'exemple des maîtres que l'on aime suivre parce qu'ils n'exigent ni même n'indiquent rien.

Vivant retirés du monde, les moines n'ont pas leur pareil pour deviner les caractères. Inigo n'était en apparence que l'un des nombreux pèlerins qui se pressaient dans la première cour de l'abbaye, sur le dallage de pierres blanches et noires, au-dessous de la double falaise des bâtiments conventuels et de la roche. Le portier était venu vers lui sans attendre, et, comme Inigo lui avait demandé qu'un prêtre pût l'entendre en confession, il l'avait introduit dans le cloître et était allé chercher dom Chanon.

Inigo marchait la tête baissée dans la galerie ombreuse quand le bénédictin apparut près de lui. Il s'inclina et remercia Dieu d'avoir conduit Inigo au monastère. Il usait de la formule que la règle prescrit d'employer pour tous les voyageurs, mais il y mettait une attention telle que l'on eût pu croire que seule l'inspiration du moment l'avait dictée. La phrase : « Voici que je fais toutes choses nouvelles » traversa l'esprit d'Inigo. Un homme pouvait donc se rendre docile à Dieu au point que chaque personne, chaque incident de la vie lui apparût dans cette étonnante fraîcheur, et comme soustrait à la gangue du temps.

Il retrouva ses manières de cour et se présenta, à quoi le bénédictin répondit en inclinant la tête. Il la releva en souriant. Si la jambe gauche d'Inigo était bottée, son pied droit était chaussé d'une méchante espadrille de corde. Inigo répondit à son sourire et eut un mot bref pour Pampelune et le boulet. Avec grâce, dom Chanon le pria d'excuser ses compatriotes, mais d'une manière si rapide qu'Inigo eut l'impression que les patries terrestres ne conservaient plus d'importance pour lui. Pourtant, ainsi qu'il le montra en quelques phrases, il avait suivi les péripéties de la campagne et connaissait la captivité du comte de Foix. D'une phrase brève, sans y insister, il laissa entendre à Inigo que le rôle que celui-ci avait joué dans la bataille lui était connu : « Si vous aviez décidé de rester dans le siècle, vous appartiendriez désormais au camp des vainqueurs, n'est-ce pas? » Inigo tressaillit de se voir deviné. Le visage du moine s'éclairait d'une grande bonté. Dom Chanon regarda la jambe blessée et dit encore : « Le Seigneur dispose toutes choses à sa convenance, pour le bien de ceux qui l'aiment. » La cloche sonna l'office de sexte. Le bénédictin recommanda à Inigo d'examiner avec soin sa conscience, et de le retrouver le lendemain matin au cloître après l'office de tierce, à neuf heures. Il pourrait dîner au réfectoire et loger dans l'abbaye. Inigo lui répondit qu'il préférait retourner à la grotte où il avait passé la nuit, et qu'il trouverait en ville de quoi manger. Dom Chanon disparut en silence.

Inigo marcha lentement autour du cloître. Tout autour s'étendait le monastère, comme une ruche où l'on veillait, priait, travaillait, mangeait; mais en son centre, il n'y avait rien que cet espace vide entouré de colonnes, comme un silence dans la conversation. Le bénédictin qui l'avait accueilli savait poser sur le sol un pied léger. Inigo se sentit heureux à la manière de l'enfance.

Le frère hôtelier lui donna quelques feuilles, des plumes, de l'encre et de la poudre à sécher. Inigo acheta au bourg un peu de jambon et des pommes et reprit le chemin de l'ermitage. Après avoir mangé en regardant la vallée au-dessous de lui, il s'assit le dos à la roche et, appuyé sur son gros livre, commença d'écrire sa confession générale.

Ayant prié Dieu qu'il lui donnât le courage de ne rien omettre, il reprit sa vie depuis Arevalo, sans émotion, avec une grande rigueur. Attentif à empêcher son esprit de s'embourber dans le passé, il ne cherchait pas d'excuses ni d'explications à ses fautes, s'efforçant seulement de les dénombrer et de les qualifier. Il notait des dates, quelques faits, le nom des fautes et, s'il le pouvait, leurs conséquences. Le seul moment où il s'arrêta, plume levée, et dut lutter pour ne pas s'abîmer dans une rêverie douloureuse, fut lorsqu'il évoqua la chambrière d'Arevalo dont il ignorait s'il lui avait donné un enfant. Un filet d'angoisse retombait sur son âme. Il dut s'interrompre pour entrer dans le petit sanctuaire et, agenouillé devant l'image de Notre-Dame, la prier de lui porter secours, ainsi qu'à la mère et à l'enfant s'il existait. Un tel chaos de pensées l'agitait qu'il ne put prier en silence, comme il le faisait d'habitude. Il se mit à parler à la Vierge, en phrases hachées, douloureuses, d'une voix rauque qui le surprit lui-même.

Il acheva sa confession vers le soir, après l'appel à vêpres, les aiguilles de calcaire renvoyant le son des cloches dans un écho si poignant qu'il croyait entendre des voix. Il s'assit au rebord de la falaise, l'esprit vide et accablé. La dureté de son cœur lui apparut pour la première fois, et ses expériences de Loyola n'y avaient rien changé. Il portait dans la poitrine un bloc de pierre impossible à user. Il le briserait tout de même. Il souffrirait mille morts s'il le fallait. Il pressentait qu'une fois broyé son cœur renaîtrait, adonné au véritable amour, et accordé au rythme du monde. Il ouvrit son livre et murmura la prière de saint Éphrem : «Seigneur et maître de ma vie, éloigne de moi l'esprit de tristesse, de découragement et de vaines paroles. Ne me permets pas de juger mes frères, mais montre-moi l'étendue de mon péché, car tu es la vérité et la vie. »

À la fois le passé le tourmentait et lui était indifférent. Il avait déjà souffert et n'avait pas commencé de souffrir. Il avait parcouru un long chemin depuis Pampelune et il lui tardait de n'être pas en route. Il se voulait pèlerin et se trouvait immobile et sans forces. À haute voix, il pria une dernière fois la Vierge, se roula dans son manteau et s'étendit sur la pierre de la grotte. Il ne fit pas de feu. Au-dehors le ciel était noir, privé d'étoiles, et le vent du nord étreignait la montagne de sa main froide.

Le lendemain, dom Chanon l'entendit en confession en marchant avec lui autour du cloître, à pas rapides.

Inigo parla près d'une heure et le bénédictin ne l'interrompit que trois fois. La première, à propos de Pampelune : «Votre ange… » ; la deuxième, à propos de la chair : «Oui, vous étiez dans le feu, dans le feu, c'est cela, comme de l'or » ; la troisième, à propos de l'abattement qui le prenait parfois : «Mais vous avez déjà été racheté. » Alors même qu'il s'attachait — sa confession écrite à la main — à se montrer aussi rigoureux que possible, Inigo était sensible à l'attitude du moine. Il se tenait à côté de lui, les yeux fermés, marchant en aveugle dans ce cloître qu'il connaissait bien. Un mot, un geste, certaine manière de rester silencieux montraient à la fois l'importance qu'il attachait à la confession elle-même, mais aussi qu'il n'entendait pas que le pénitent s'effondrât sous le poids de ses péchés. Il les pardonnerait tout à l'heure. Inigo n'aurait su définir cette façon d'être. Il n'y entrait ni légèreté ni facilité, mais une grâce réconfortante. Il s'agenouilla sur le sol avec gratitude pour recevoir l'absolution.

Ils se retrouvèrent à la fin de l'après-midi. C'était la première fois qu'Inigo écoutait un homme pour apprendre de lui. Dom Chanon parlait peu. «Je n'aime pas beaucoup que l'on parle de Dieu», disait-il. Fichées dans le silence, quelques phrases résonnèrent pour longtemps dans l'esprit d'Inigo. Qu'il fallait chercher Dieu au plus profond de son cœur, et non en dehors de soi ; qu'il ne demandait pas de sacrifices ; que, le monde étant déjà peuplé d'idoles, il ne convenait pas que les chrétiens y rajoutassent celle de Dieu ; qu'il ne fallait pas redouter l'étrangeté de ce qu'il allait découvrir s'il rentrait en lui-même pour entendre cette parole qui le formait, qui était lui ; que rien ne lui serait demandé qui passerait ses forces, mais qu'il fallait prendre garde à ne pas confondre sa volonté et celle de Dieu ; qu'à la fin nous serions peut-être jugés plus ridicules que coupables ; qu'on ne cessait pas de se convertir, et que c'était chaque jour qu'il fallait écarter le voile des apparences, tendu devant nous depuis la Chute. Inigo lui ayant expliqué son projet d'aller à Jérusalem, il ne le découragea pas, mais cita en souriant : «Que d'autres aillent à Jérusalem ; toi, va jusqu'à l'humilité, et la patience. Ceci en effet, c'est pour toi sortir du monde, cela t'y enfoncer.» Inigo entrevit que nul exploit ne le rapprocherait de Dieu, et surtout qu'il était inutile qu'il prétendît conquérir un amour qui lui avait été accordé avant même qu'il n'existât.

L'abbaye était pleine et bruyante. Chanon lui conseilla

de se reposer quelques jours à Manrèse — où se trouvait un couvent de dominicains — avant d'entreprendre son voyage. On craignait d'ailleurs qu'une épidémie de peste ne se déclarât sur la côte. Inigo accueillit ce conseil avec joie. Il n'aurait pas trop de quelques jours pour méditer sur ce que le bénédictin lui avait dit. Celui-ci lui remit un livre de Cisneros, le réformateur de l'abbaye, sur les étapes de la vie spirituelle, et prit congé de lui avec cette douceur joyeuse dont il ne se départissait pas et dont Inigo garderait toujours le souvenir.

C'était la fête de l'Annonciation et la foule envahissait la cour du monastère. Il était seul et pardonné. Il fit demander le cellérier, se présenta et lui dit qu'il entendait faire don de sa mule au monastère. Il fallut demander l'autorisation de l'abbé, qui commença par la refuser, pour le cas où le jeune Loyola finirait par changer d'avis et voudrait rentrer sur ses terres. On dut aller chercher dom Chanon, qui persuada l'abbé que jamais Inigo ne reviendrait en arrière.

Le jour s'achevait, les ombres du monastère tirant des lignes à travers les rochers. Inigo descendit le chemin d'accès, et parvint à un petit pont qui passait sur une gorge. À l'abri d'une des piles, il se déshabilla et revêtit l'habit qu'il avait acheté à Igualada : une sorte de froc en toile grossière noué par une corde de chanvre, aux pieds des espadrilles de corde. Puis il se tailla un haut bâton de marche dans une branche de châtaignier. Enfin il remonta vers le monastère, ses vêtements de cour dans sa besace, tout heureux de sa nouvelle apparence. Il avait jeté sa botte gauche au fond du ravin.

Près du mur d'enceinte, il s'approcha d'un pauvre

homme à demi couché par terre et qui semblait s'être lassé même de mendier. Il s'agenouilla près de lui, ouvrit son sac et lui donna ses vêtements. Il faisait déjà sombre et personne ne les vit. L'homme le regarda avec un étonnement profond et, sans sourire, sans remercier, cacha sous lui cet incroyable trésor. Inigo lui demanda en basque de prier pour lui. L'homme inclina la tête dans un signe qui pouvait passer pour un assentiment, et le pèlerin gagna la cour du monastère. Une forêt de torches l'illuminait. Dans le fond s'ouvrait le gouffre noir de la basilique, où dansaient très loin de faibles lueurs autour de la Vierge morisque. Il put s'approcher de la chapelle de Notre-Dame, au pied de la grille ouvragée. À genoux, il y suspendit, en ex-voto, son ceinturon et son épée de cour.

Les deux mains posées sur le fer froid, il regarda la statue de la Vierge de l'autre côté de cette barrière. Le visage de bois était fauve, comme d'avoir bu les rayons du soleil. On eût dit une peau brune et d'une incroyable douceur. Un nez long et droit, des yeux rapprochés, un sourire sans fin ; des mains longues et fines d'Orientale. Inigo ferma les yeux.

Il revint à sa place et se mit à prier, tantôt debout appuyé sur son bâton, tantôt à genoux. Il était comme un condamné qui revient au jour. Une porte s'était ouverte au fond de son âme noire, et il voyait un seuil inondé de lumière. Le passé s'était dissous : ses fautes avouées, il ne restait plus rien d'Arevalo, de Pampelune et de Loyola. Il ne restait rien à méditer. Il suffisait de se tenir prêt, traversé pourtant de temps à autre par la pensée qu'il était bien tard pour cette nouvelle naissance, et qu'il faudrait en se hâtant regagner le temps et le chemin. Des psaumes lus dans Ludolphe lui revenaient en mémoire. Certains versets le laissaient indifférent. D'autres s'imposaient à son esprit. Il leur trouvait une saveur inconnue. Il s'y arrêtait, se laissant baigner, rafraîchir par cette sorte de pluie. «Je tiens mon âme en moi, égale et silencieuse; mon âme est en moi comme un enfant, comme un petit enfant contre sa mère.»

Des moines qu'il avait croisés, le portier, le cellérier, passaient sans le reconnaître. À minuit ils s'assemblèrent pour chanter matines, et les cloches des ermitages se mirent à tinter. Inigo reconnut la haute silhouette de Jean Chanon et son cœur déborda de gratitude.

La messe des pèlerins commença à deux heures. Des voix d'enfants appelèrent sur le pauvre monde l'intercession de l'étoile du matin. Pour la première fois depuis plus d'un an, Inigo s'en fut communier. Il en tremblait. En piétinant à son rang dans la foule, il s'efforçait, contrairement à ses habitudes, de ne rien imaginer, pas même l'invisible présence du maître de Nazareth au milieu d'eux. Cette parole qu'il avait lue passerait bientôt dans sa propre chair. Rien n'était plus grand ni plus insaisissable. Rien n'était plus familier. En s'approchant du calice, il murmura : «Souviens-toi de moi, Seigneur, dans ton Royaume.»

Il resta longtemps assis à son banc. Des larmes lui venaient sans qu'il le voulût : tels des mots, un autre langage, exprimant malgré lui les remords et l'espoir. Il respirait mal, comme pendant la bataille de Pampelune; puis des sanglots silencieux le secouaient sur son banc, et il n'y pouvait rien.

L'aube se levait. Il se mit en route pour descendre dans la vallée de Manrèse. Le ciel était clair. Il marchait d'un bon pas, coupant parfois au milieu des broussailles, allègre, le cœur léger. La chaleur montait dans la plaine. Quand il avait soif, il buvait l'eau claire des torrents en remerciant Dieu. À mi-course, il fut rejoint par un homme de peine envoyé par les moines : il lui demanda s'il avait vraiment donné ses vêtements de chevalier à un pauvre mendiant. Inigo comprit que l'on avait soupçonné le mendiant de vol et réprima un mouvement de colère. Puis la tristesse l'envahit. Alors que l'homme le flattait, lui disant que le bruit courait à Montserrat qu'un grand seigneur avait laissé sa fortune pour se consacrer à l'œuvre de Dieu, et que les gens en étaient édifiés, il coupa court et partit sans se retourner.

V

L'Inigo qui parvient à Manrèse est un homme que plus rien ne retient. Il appellera plus tard ce temps celui de sa «primitive Église». C'est par Dieu lui-même, dira-t-il, qu'il s'y est trouvé instruit, comme un maître d'école éduque un enfant. Il ajoutera même cette phrase étonnante, dans le récit dicté à son secrétaire : «Même s'il n'y avait pas l'écriture sainte pour nous enseigner ces mystères de la foi, il serait prêt à mourir uniquement à cause de ce qu'il avait vu.»

Le soir de la fête de l'Annonciation, Inigo franchit le vieux pont qui passe sur le Cardoner. Il ne veut se faire reconnaître de personne. Dieu le conduit. Il se rend à l'hôpital Sainte-Lucie et y propose ses services. L'hôpital se compose de trois salles communes distribuées autour d'une cour écrasée de soleil. Dès le premier jour, il vide les seaux, nettoie les sols, et surtout s'assied près des malades, sans beaucoup leur parler. La joie illumine son visage et ces pauvres gens trouvent un grand réconfort dans la présence muette de cet homme étrange. Il accepte les corvées dont on ne veut pas, et paraît toujours prêt à se détourner de son chemin. Mais s'il est humble, il est resté rapide, tendu vers l'efficacité, et sa politesse en impose à tous.

Les frères lui donnent une petite chambre sous le toit, où il ne passe que quelques heures après le coucher du soleil. Il se relève au milieu de la nuit pour aller assister à l'office au couvent des dominicains. Il ne se coupe plus les ongles, les cheveux ni la barbe, et mendie en boitant dans les rues, une écuelle de l'hôpital à la main. Les enfants des rues l'accompagnent. Après avoir visité les malades, il assiste aux vêpres à la Seo, ou monte à l'ermitage Saint-Paul, ou à la petite église de Viladordis. Mais le plus souvent, il trouve refuge dans les grottes qui longent le Cardoner. Dans la pénombre rocheuse, à travers les buissons qui obstruent l'entrée et le dissimulent aux regards, il voit au loin la montagne de Montserrat. La rivière coule en contrebas et c'est à peine un murmure. Inigo a trouvé son désert.

Il y prie sept heures par jour. Il ne veut plus attendre. Dieu est venu le chercher, il répondra. Il créera seul, par force, cet homme nouveau qui sera digne d'une telle rencontre. Pour devenir l'ami de Dieu, il lui faut devenir l'ennemi de soi-même ; ou du moins se débarrasser de tout ce qui en lui est déjà mort et pourtant se révèle si difficile à arracher. Il lui faut brûler le roncier qu'est devenue sa vie. Il lui faut opposer une vertu à chaque passion mauvaise. Il sera aussi misérable qu'il a été vain, aussi attentif qu'il aura été indifférent, aussi humble qu'il aura été orgueilleux. Il jeûne longtemps, et lorsqu'il mange c'est à peine, de l'eau, quelques figues mendiées, une galette de pain, des olives. Les malades de l'hôpital le trouvent toujours aussi gai. Ils sont devenus ses seuls amis. Le passé a disparu. Parfois, il revient au Montserrat et passe quelques jours dans la grotte du bon larron. Pour les gens de Manrèse, il est à présent «le saint», le fou de Dieu. L'ascèse le laisse épuisé, mais l'assistance aux offices chantés le remplit d'une joie qui le repose. Il est en paix au milieu même de cette lutte terrible contre lui-même. Il ne s'aperçoit pas qu'il s'affaiblit. À deux reprises, il est près de mourir, de s'être ainsi privé de nourriture et de sommeil. Des enfants le découvrent inanimé dans une grotte. On le conduit chez une veuve, où il reprend des forces. Sitôt guéri, il retourne mendier dans les rues. Tout au plus peut-on, à l'approche de l'hiver, lui faire accepter un manteau, un bonnet et des souliers.

Un jour, traversant la cour centrale pour sortir de l'hôpital, il vit une forme en l'air, près du corridor d'entrée, et s'arrêta, interdit. Il pouvait la regarder. Elle ne disparaissait pas. Elle ne ressemblait à rien de connu. Ses dimensions étaient imprécises, mais il ne s'agissait pas d'une fumée, d'une illusion. La forme était épaisse, très grande, et présentait une texture moirée dans laquelle brillaient des éclats qui ressemblaient à des yeux. S'il se fixait sur les yeux, les contours de sa vision disparaissaient; s'il regardait les contours, il ne voyait plus qu'un chatoiement indistinct, et la forme lui rappelait un serpent. Il attendit. La vision ne disparut pas. Il ne ressentait aucune crainte, et même trouvait du plaisir à la contempler. Elle lui semblait bienveillante, et comme amicale. Elle lui communiquait une sorte de douceur, et le sentiment d'être compris et accepté. La voir lui rendait les impressions les plus heureuses de sa vie passée, le sourire de

Madeleine, l'amitié de ses compagnons d'armes, la sérénité du cloître de Montserrat. Il resta longtemps dans la cour de l'hôpital à regarder cette forme. Un grand chagrin le prit lorsqu'elle disparut. En se rendant à l'office, à la Seo, il pensait à cette vision, et ne parvenait pas à en définir la nature. Il avait lu dans Voragine le récit des tentations de saint Antoine. Le démon s'y faisait effrayant. Or, bien que la forme évoquât un serpent, elle n'était pas effrayante, et il souhaitait la revoir. Il la revit en effet, presque chaque jour, et, une fois, alors qu'il lisait *L'Imitation* dans sa grotte du Cardoner, si près au-dessus des broussailles qu'il eût pu la toucher. Il restait à ses pieds, étrangement comblé, ne désirant rien d'autre que de continuer à la voir.

Ce fut au cours de ces journées qu'Inigo entra dans sa nuit.

Lorsque la forme disparaissait et qu'il restait seul, une pensée lui revenait et le décourageait. Il ne pourrait continuer ainsi. Il ne le supporterait pas. Nul ne pouvait durablement s'infliger cette ascèse. Ses efforts étaient vains, cruels et inutiles. Tous les saints ne les avaient pas recherchés. Depuis qu'il se mortifiait, Dieu ne lui était pas davantage présent. Il imaginait l'avenir misérable qu'il se préparait, une pauvreté recroquevillée, une faiblesse qui le mettrait à charge de quelques bienfaiteurs, et l'incapacité de faire le bien. Il ne pourrait plus s'occuper des malades de l'hôpital. N'était-ce pas surtout par orgueil qu'il avait pris ce chemin ? Et c'était par orgueil qu'il allait terminer en pure perte sa vie dans une grotte du Cardoner, las et stérile, privé de l'amitié de Dieu comme de celle des hommes. Il s'interrogeait sans relâche. D'où tenait-il que Dieu lui avait demandé de pareils sacrifices ? Ne lui avait-il pas prêté sa propre voix ? Il devenait incapable de démêler le vrai du faux, de lutter contre le mensonge et l'illusion. Les arguments, les impressions se succédaient en l'obsédant. Il avait lu dans Voragine que les pères du désert avaient éprouvé des tentations semblables, faites pour les détourner de leur but. Il s'efforçait de chasser ses pensées au fur et à mesure de leur apparition, et n'y parvenait pas. Pour ajouter à son trouble, ces doutes n'étaient jamais aussi forts, aussi puissants et insurmontables que lorsqu'il assistait à la messe. Alors il se rencognait sur son banc et lisait le récit de la Passion. Il le lisait moins qu'il ne le marmonnait, à voix basse, et souvent il lui semblait que les phrases en étaient écrites dans une langue étrangère, ou que s'il les entendait, il ne les comprenait en rien. Son cœur était froid, l'Évangile était froid, le Christ était absent. Une main de fer lui broyait le cœur au spectacle de la piété.

Il passa ainsi plusieurs semaines. Les prières et la messe n'avaient plus de saveur. Pire, elles le dégoûtaient, d'instinct. Il priait comme on accomplit une chose répugnante, par le seul effet de la volonté. Parfois, cependant, il lui semblait qu'une puissance invisible le portait, et il se sentait à nouveau léger et aimant Dieu d'un amour partagé, dans lequel il suppliait en pleurant qu'on le laissât vivre. L'alternance de ces états l'effrayait. Nul ne pouvait vivre ainsi. Il y perdrait la raison. Il la perdrait d'autant plus que le dessein de Dieu lui était incompréhensible. Il eût compris d'être durement éprouvé, pour, après avoir été purifié, trouver la paix. À quoi pouvait servir d'être, plusieurs fois par jour parfois, plongé dans les tourments et consolé de ceux-ci ? Mais il se souvenait qu'il avait promis de se laisser conduire. Il demandait seulement : « Quelle est cette vie nouvelle qui commence pour moi ? »

Les moments où il se sentait consolé n'effaçaient pas le souvenir des autres. Le sentiment de légèreté qu'il éprouvait alors ne durait pas. Même si, revenu au calme, il ne ressentait plus aucun tourment, son esprit n'était jamais en paix. Il ne se plaignait pas, mais une grande lassitude de lui-même l'envahissait. Malgré l'ascèse, malgré les serments, il n'avait pas changé. Il restait le même homme dur, vaniteux, impérieux et sensuel. Que les malades de l'hôpital ou les enfants des rues l'aimassent ajoutait encore à son amertume. Il se voyait comme il était, le cœur étroit, traversé, coupable, impossible à réformer. Parfois même il se sentait moins qu'un homme : un empilement d'émotions et de pensées fugaces, le plus souvent tourbeuses, et qui ne ressemblait à rien. Lui dont la raison n'était jamais en défaut ne parvenait même plus à prononcer à ce propos le mot d'épreuve, ni aucun autre mot. Il ne pouvait plus rien nommer.

Les habitants de Manrèse l'avaient rangé une fois pour toutes dans la catégorie des pieux vagabonds à demi fous qui sont utiles au salut de tous, mais se sont retranchés de l'espèce humaine. Ses bienfaiteurs lui demandaient des conseils qu'il était bien en peine de donner. Ils le chargeaient de vieux vêtements. Les malades étaient heureux qu'il les lavât et les nourrît. Auprès d'eux, Inigo parvenait à se composer un visage. Mais il ne les soignait plus que par habitude, et qu'ils lui fussent devenus à ce point étrangers ajoutait encore à sa tristesse. De l'un d'entre eux il reçut un jour un peu de réconfort. C'était un vieux soldat qui avait perdu une jambe à Noain. La gangrène s'y était mise et les médecins le donnaient perdu. Il avait un regard intelligent et clair et beaucoup de philosophie. Il ne savait pas qui Inigo avait été. À la tombée du jour, alors qu'Inigo quittait son chevet pour aller à vêpres, il lui dit, parlant à la troisième personne comme il l'eût fait pour l'un de ses officiers : « Votre seigneurie en a assez fait. Vous devriez vous laisser porter, comme le reste du pauvre monde, comme je le fais moi. Et pourtant, vous m'auriez vu quand j'étais debout ! »

Un franciscain lui conseilla de rentrer dans le monde. Un dominicain auquel il se confessait l'écouta à peine et lui récita Thomas d'Aquin. Inigo ne trouvait plus de joie qu'à jouer aux osselets avec les enfants sur les marches de l'hôpital.

Sa volonté pourtant restait intacte. Il ne pouvait plus s'appuyer que sur elle. Cependant il se demandait si elle ne s'userait pas avant qu'il ne se fût transformé. Elle aussi pouvait disparaître. Il avait peur.

Inigo continuait de vouloir servir Dieu, le suivre, s'approcher de lui. Mais qui lui montrerait un chemin ? Les clercs de Manrèse étaient bons, scrupuleux, assidus aux offices mais ils ne lui étaient d'aucun secours. Plusieurs fois, étant revenu au Montserrat pour prier dans la grotte de saint Dismas, il s'était aventuré jusqu'à l'entrée du monastère. Il en avait observé la paix industrieuse. Il s'y était senti comme un étranger. Peut-être après tout n'était-ce qu'une termitière d'insectes vertueux, abandonnés de Dieu comme lui, mais l'ignorant. Si Jean

Chanon l'avait trouvé là, à la porte du cloître, Inigo n'aurait pas su que lui dire. Il n'était plus sûr que d'une seule chose. Si Dieu existait et si cette épreuve venait de lui, il voulait qu'il la traversât seul.

Ainsi allait-il, titubant des ruelles à la rivière, de l'hôpital à la grotte, de la grotte aux chapelles, tout enténébré, les nerfs à vif. Il n'était ni religieux ni laïc. Il n'était pas de ceux que la vie avait forcés à mendier. Il s'était fait pèlerin, et il était un étrange pèlerin, immobile, sur la terre comme devant Dieu. La parabole du serviteur inutile ne lui était plus d'aucun secours. Elle supposait qu'il pût se croire serviteur, c'est-à-dire digne d'être admis à servir, et comment pouvait-il s'imaginer l'être, lui que Dieu paralysait de fatigue et d'effroi en le jetant dans d'incompréhensibles aventures intérieures ? C'était un voyage impossible à raconter, semé d'épreuves invisibles. Il ne ressemblait pas même à ce qu'il avait lu dans l'Évangile. Les mots de l'Écriture n'avaient plus de sens pour lui. La seule chose dont il ne doutait pas était son amour pour Dieu, d'autant plus fort qu'il était plus douloureux d'être apparemment méprisé. Cet amour seul, si étrange qu'il parût, le tenait suspendu au-dessus de l'abîme.

Il ne pouvait compter sur le secours de personne. Après sa rencontre avec Jean Chanon, Inigo avait pensé que Dieu se servait des rencontres qu'il provoque ; mais que voulait-il dire, lorsque deux religieux lui donnaient, après que chacun eut prié et appelé sur lui l'Esprit, des opinions contradictoires ? Était-ce donc le dessein de Dieu qu'il restât plongé dans cette incertitude ?

Inigo avait entendu parler d'une dame qui vivait retirée, à la manière des béguines flamandes, et avait une grande réputation de sainteté. Les inquisiteurs l'avaient déjà questionnée à deux reprises, redoutant qu'elle ne fût une dangereuse illuminée. Il résolut d'aller la trouver. C'est à elle, qui était seule et pauvre comme lui, qu'il ouvrirait son cœur.

Elle vivait dans une maison basse, qui donnait par un petit jardin sur les rives du Cardoner, non loin de la grotte où Inigo avait l'habitude de prier. Elle ne s'étonna pas quand il frappa à sa porte et le conduisit dans le jardin, où elle lui offrit un peu d'eau, puis s'assit en face de lui, les mains à plat sur les genoux et le corps droit. C'était une femme d'une soixantaine d'années, dont le regard était limpide et attentif. On lui avait parlé d'Inigo, le mendiant, l'homme de l'hôpital. Elle n'y avait guère prêté d'attention. Voici longtemps qu'elle avait banni la curiosité de son esprit. Elle pensait que Dieu mène chaque homme comme il l'entend.

Inigo resta longtemps sans parler. On respirait dans ce jardin un parfum d'éternité. D'un côté, il était envahi par un très beau mûrier et, de l'autre, un petit enclos soigneusement sarclé portait des herbes, de la menthe surtout, dont il roula quelques feuilles dans sa main pour les sentir. À cet endroit, le bruissement du Cardoner était doux et régulier.

«Comment vit-on avec Dieu?» demanda-t-il brusquement, surpris lui-même par cette question qui lui était venue presque malgré lui. Et, en la prononçant, il réalisait ce qu'elle voulait dire, se ramifiant presque à l'infini. Dieu s'adresse-t-il à chacun dans sa propre langue, et peut-on s'instruire réciproquement de ses manières d'agir? Que pouvait-elle dire de Lui? Lui était-Il, depuis si longtemps, devenu familier? Avait-elle connu les mêmes épreuves? Pouvait-on vivre dans l'épreuve une vie entière?

Une gaieté lumineuse et calme éclairait les traits creusés de cette sainte inconnue, dont on murmurait qu'elle avait été appelée auprès du roi lui-même. Regardant Inigo, elle paraissait le voir et voir au-delà de lui. Elle semblait lui porter, sans le connaître, une amitié pure de toute indiscrétion, et le comprendre. «Mon maître a parlé à Nicodème, à lui seul. Il est allé chez Zachée. Il a remercié la femme aux parfums. Chaque fois, il est entré dans leur vie, dans leur monde, semblable à nul autre monde.» Sa voix était basse et rapide. «Je vois que vous passez au creuset… Puisse mon maître vous apparaître un jour!» Inigo eut un mouvement. Elle ne se méprit point sur l'espèce de peur qu'il laissait paraître. «Il n'est que douceur. On le croit sévère… l'homme se fait des idoles. Pour les adorer, pour les détester. Idoles de Dieu, idoles de soi-même. C'est un grand mystère.» Inigo lui parla avec peine de ce Dieu absent, mais dont l'absence ressemblait à une présence et l'empêchait de parler. Les mots du basque de son enfance surgissaient dans ses phrases. Il se montra à elle, barbelé de questions et d'inquiétudes.

La sainte du jardin resta longtemps silencieuse, mais son silence était plus consolant que tout. Il ressemblait à ces paroles qui dénouent et allègent le cœur. Il ne faisait qu'un avec le murmure des arbres et la chanson de la rivière. Puis elle parla. Sa voix était celle d'une très jeune fille, ce qui fit sursauter Inigo. Elle lui dit que nul ne connaît sa vraie personne, celle que Dieu forme jour après jour. Elle lui raconta une anecdote qu'elle tenait d'un juif converti d'Alcantara : «Deux enfants jouaient à se cacher. L'un dit à l'autre : "J'ai trouvé une cachette que tu ne découvriras jamais", et il s'y cache. Il y attend. Une heure, puis deux heures passent. Un peu déçu, il en sort et part retrouver son ami. Il le trouve assis avec les grandes personnes. L'ami ne l'avait pas cherché. Il était resté là, à écouter les conversations des grands. Alors l'enfant se met à pleurer. Et, parmi les grands, un vieux rabbin très sage et très silencieux se met à pleurer aussi. On l'interroge, et il dit : "L'enfant pleure. Je pleure. Et Dieu pleure, parce qu'il ressemble à cet enfant. Il se cache pour que les hommes le trouvent et ils ne daignent pas le chercher." » Se levant, elle lui prit les deux mains et lui dit : « Je sais que vous avez cessé d'écouter les conversations des grands. »

Plusieurs heures avaient passé sans qu'Inigo s'en aperçût. Elle le raccompagna à la porte basse qui donnait sur la ruelle. Le jour tombait. Le bruit des cloches qui appelaient à vêpres passait comme un frisson sur les eaux vertes du Cardoner.

« Je ne suis rien, lui dit Inigo de sa voix brève et difficile. Je ne suis ni un moine, ni un pèlerin, ni un sage. Je ne suis même pas un vagabond. Cent liens me retiennent. J'étais un soldat. Je voulais être soldat de Dieu. Je ne suis rien. J'ai voulu faire pénitence. J'ai brûlé quelques branches, à grand-peine. Les racines sont toujours là, profondes, indéracinables. Je ne suis rien, et je suis lassé de ce rien-là. — Vous êtes ma joie de ce jour, dit-elle de son étrange voix d'avant l'âge. Et vous êtes la sienne. Je prierai pour que vous ne l'oubliiez pas. »

*

125

Inigo fut alors plongé dans des tourments plus grands encore.

Il continuait à accomplir les gestes de la foi. C'était une torture. Il priait aussi longtemps qu'avant, sans plus rien ressentir. À genoux ou assis, il attendait. Il se faisait penser à un morceau de bois calciné dans un désert. Les longues heures de la nuit s'écoulaient dans ce silence inhabité. Quand il fallait se rendre à l'église pour y communier, il devait faire appel à toute sa volonté pour déplacer ce corps naguère alerte et vif et qui lui semblait infiniment lourd.

Il avait laissé sa chambre à l'hôpital au soldat blessé de Noain, qui, guéri, y jouait à présent le vaguemestre. Il habitait désormais une petite pièce, au rez-de-chaussée du couvent des dominicains. Ce n'était pas une cellule, mais un ancien débarras encombré de ballots. Il y passait, couché sur une couverture, à même le sol, les rares heures de sommeil qu'il s'accordait, se relevant trois fois par nuit pour prier, malgré la sécheresse qui l'accablait.

Il continuait de jeûner, parfois plusieurs jours durant. Il y mettait, comme dans ses prières, une violence proche du désespoir. Dieu serait sûrement sensible à sa peine. Il ne pensait pas au lendemain et s'efforçait seulement d'atteindre sans faiblir le soir de chaque jour, comme un soldat l'eût fait pendant une campagne épuisante. Il savait assez de religion, il avait assez écouté Jean Chanon ou la sainte du Cardoner, pour discerner ce qu'il y avait de trouble dans cet effort. Mais c'était la seule arme qui lui restât, et il l'emploierait, s'en remettant à Dieu pour le reste ; à Dieu, et non pas à ses représentants. S'il recevait les sacrements, il n'écoutait personne. Des religieux lui dispensaient leurs conseils. Il ne se départissait pas à leur égard d'une grande humilité. Il exécutait les pénitences que lui donnaient ses confesseurs. Mais il semblait n'attendre d'eux aucune lumière. Ou, du moins, il rapportait toujours leurs paroles à ce que sa raison, éclairée par de longues prières, lui suggérait. Il n'y entrait pas d'orgueil. Les souffrances intérieures qu'il éprouvait ne lui avaient pas laissé d'illusions. Il se voyait, croyait-il, comme il était. Il n'éprouvait pour lui-même aucune tendresse. Il était sûr, malgré tout, que Dieu vivait dans sa conscience, et attendait de lui qu'il s'examinât sans relâche et sans le secours de personne.

On retrouvera dans les *Exercices spirituels* cette conviction que nul ne doit ni ne peut peser sur la liberté d'un homme qui a décidé de se tourner vers Dieu. À la fin de sa vie, énumérant dans *Le Récit du pèlerin* les titres éminents d'un prêtre auquel, à Manrèse, il s'était adressé sans profit — docteur en théologie, prédicateur à la cathédrale, grand spirituel —, Ignace de Loyola insistera encore sur le fait que la guérison ne vient d'aucune créature, mais de Dieu seul.

Dieu continuait à se taire et l'esprit d'Inigo ressemblait à un labyrinthe. Il y errait dans le noir, repassant sa vie, se heurtant à une multitude de péchés. Personne ne pouvait le délivrer de cet accablement. Il en vint à croire que la confession qu'il avait faite à Montserrat n'avait pas été complète. Il l'avait écrite pourtant. Mais, venues des profondeurs du passé, de nouvelles fautes lui apparaissaient encore. Quant à celles qu'il avait avouées à dom Chanon, il doutait de les avoir décrites avec assez de précision. Il y revenait sans cesse. Il entreprit d'écrire une autre confession générale, et il obtint de nouveau l'absolution. À peine était-il sorti de l'église que les doutes l'assaillaient de nouveau. Derrière chaque faute avouée il en découvrait d'autres, plus précises, plus ténues, non moins graves. Il n'en serait jamais quitte. Il s'obstinait pourtant dans cet examen, parce qu'il ne cherchait pas à éviter le jugement, ni même l'enfer, mais à mettre fin par lui-même, à force de lucidité, au silence de Dieu.

Il eût aimé qu'un confesseur lui ordonnât au nom de Jésus-Christ de ne plus avouer aucune faute passée. Il ne pouvait se résoudre à le demander. L'un d'entre eux le lui dit, à la fin, de sa propre initiative, mais en ajoutant que si une faute bien nette, et encore inavouée, lui revenait du passé, il devrait cependant la confesser. Aussi ne lui fut-il d'aucune aide.

Il était en même temps repris par ses vieux démons. Il croyait les avoir laissés derrière lui après Pampelune. Il n'en était rien. Longtemps les autres avaient été de petits dieux : Najera, Madeleine, et même Beaumont. Il s'était dépensé en vain pour les combattre ou pour leur plaire, jusqu'à sa blessure. Puis les découvertes qu'il avait faites à Loyola l'avaient transformé. Il avait compris quelles chimères il s'était forgées, faute d'avoir connu le véritable amour, faute de se savoir aimé. Mais à présent qu'il se sentait abandonné, il revenait à ses errements. Il n'y pouvait rien. À nouveau il se blessait aux autres, et il apprenait, dans l'amertume, que l'Inigo de naguère était toujours bien vivant, alors que le pèlerin demeurait immobile, inanimé.

C'était le plein été, un milieu de l'année qui ressemblait au midi des moines, quand le démon de la tristesse et de l'ennui s'empare des solitaires. Qu'il s'efforçât d'assister aux offices, qu'il se rendît à l'hôpital ou priât dans sa grotte, Inigo se sentait disparaître dans un gouffre sans fond. Le chevalier avait vécu. L'homme intrépide, épuisé par les veilles et les mortifications, s'était approché de la mort. Amaigri, fiévreux, souffrant atrocement des reins, il n'était plus qu'une forme vide. Il avait accompli, mais en vain, le programme des pères du désert. Il avait vidé l'eau croupie au fond du vase, mais nulle eau vive ne l'avait rempli. Il avait brûlé les ronces de son champ, mais rien n'y avait germé. Il s'était efforcé d'imiter le Christ comme l'enseignait Thomas a Kempis, s'éloignant pour prier, veillant dans l'angoisse, résistant au démon et lavant les pieds des pauvres. Sitôt accomplis, ces actes avaient sombré dans le grand oubli du temps. Il restait seul avec son double, l'inacceptable Inigo qui lui servait de compagnon inutile et qu'il ne parviendrait jamais à réformer.

Le soleil semblait s'être arrêté sur midi. La poussière chaude qui tourbillonnait dans les ruelles au gré du vent de la montagne couvrait la ville d'une cendre malodorante. Il serait donc enseveli à Manrèse. Il avait échoué. Peut-être n'y avait-il pas de Dieu. Si Dieu existait, peut-être était-il méchant. Si Dieu ne l'était pas, sûrement lui avait-il déplu au point de devoir désormais errer sans but sur la terre, sans but et sans consolation, comme Caïn l'avait fait. Ne fallait-il pas au moins qu'il mît fin à son supplice ? N'en avait-il pas le droit ? Que pourrait-il lui arriver de pire désormais ? Inigo, brisé et vaincu, éprouva la tentation de tout abandonner ; de revenir à Loyola, incapable et déchu, mais du moins vivant. Il rêva de cette vie presque animale d'où l'espoir aurait disparu, mais non le simple bonheur des choses. Il rêva d'oubli. Il rêva qu'il refermait sur Dieu cette porte qu'il avait ouverte et qui ne donnait sur rien.

Il continuait pourtant à se lever à minuit pour prier, selon la règle des moines. Pour eux, c'est à minuit qu'une nouvelle journée commence. Contre toute espérance, il espérait que l'aube le délivrerait. Il faisait un acte de foi, et attendait. Le plus souvent, il ne pouvait arriver au bout d'une phrase, d'un verset de psaume à peine murmuré. Les doutes et les blasphèmes lui encombraient l'esprit. Il devait s'y reprendre à vingt fois pour dire seulement : «Fils du Dieu vivant, prends pitié de moi pécheur.» Et, aussitôt qu'il y était parvenu, le souvenir de ses innombrables péchés l'assaillait à nouveau. Il n'y avait aucune issue, et cette torture recommençait sans cesse.

Une nuit, puisqu'il ne pouvait plus prier en silence tant sa confusion était grande, il se mit à hurler en appelant Dieu au secours. Il lui disait n'avoir trouvé aucun remède chez les hommes ou en lui-même. Il suppliait que Dieu lui montrât ce qu'il devait faire pour être délivré. Il se dressait éperdu devant le Créateur, et d'une voix inhumaine lui promettait de suivre même un chien, si c'était ce qu'il devait faire. Réveillés par le bruit, deux frères dominicains, alarmés, vinrent frapper à sa porte. Il ne leur ouvrit pas. Il était au-delà de la charité des autres. Il n'avait plus confiance que dans ce Dieu invisible qui s'était pourtant retiré de sa vie.

Dieu restait silencieux. Un jour, peu avant l'aube, Inigo se traîna dans un coin de sa chambre. Il y avait là une trappe, qui couvrait un puits comblé depuis longtemps et dont on ne voyait pas le fond. Il la releva et resta allongé au bord du puits, la tête attirée par le vide, prêt à se laisser glisser. S'il résistait en se persuadant qu'il serait damné, aussitôt une voix sombre et terne lui murmurait qu'il connaissait déjà l'enfer. Il resta ainsi un long moment, puis parvint à se relever à grand-peine et s'assit contre le mur opposé en répétant «Pardonne-nous nos offenses». Puis il s'évanouit. Le portier le trouva quelques heures après, gisant dans la poussière. Il parvint à lui faire boire un peu d'eau. Mais dès qu'il eut tout à fait repris conscience, Inigo ne voulut rien manger et partit en boitant vers l'hôpital.

Ce fut ce jour-là qu'il décida de s'en remettre entièrement à Dieu. Ce serait l'épreuve décisive : il jeûnerait, sans boire ni manger, jusqu'à ce que Dieu lui vînt en aide, ou bien qu'il meure.

Il y mit la force qui lui restait, pendant toute une semaine, sans cesser d'aller aux offices ni à l'hôpital, en se réveillant à minuit pour la prière douloureuse et sèche à laquelle il se tenait. Il était maigre, hirsute, mais ses yeux brûlants donnaient malgré tout une étrange impression d'énergie. Il s'évanouit deux fois. La première, les enfants des rues qui étaient ses amis le ranimèrent, et il s'accorda tout un après-midi pour jouer avec eux. La seconde, ce fut à l'hôpital, où un frère prétendit le sermonner sur les mortifications qu'il s'infligeait et fut réduit au silence par le vieux soldat mutilé de Noain.

Une semaine passa, où Inigo ne s'accorda pas le moindre manquement aux règles qu'il s'était fixées. Il priait sans joie, et le souvenir de ses fautes était sans cesse présent à son esprit, mais il ne se sentait plus tenté par la mort. Sa jambe le lançait à nouveau, et ses reins le faisaient souffrir, mais il n'était pas encore à bout.

Vint le dimanche, où il avait l'habitude de se confesser avant la messe. Son confesseur était absent. Un autre religieux, qu'il ne connaissait pas, avait pris sa place. Avant même que le pénitent ait commencé à parler, il s'entendit dire : « Croyez à la miséricorde du Christ. » Inigo lui parla du jeûne qu'il s'infligeait. Le prêtre lui ordonna, d'une phrase calme et brève, d'y mettre fin immédiatement. Puis, levant la main et sans même l'avoir entendu, il lui remit tous ses péchés, volontaires ou involontaires, connus ou inconnus de lui, visibles ou cachés.

Inigo sortit de la pénombre fraîche de l'église et s'assit un moment sur les marches. Ses jambes ne le portaient plus. Il attendait que ses scrupules revinssent. Ils ne revinrent pas tout de suite. Pendant plusieurs heures, il goûta une paix toute nouvelle. Il se sentait libre et léger. Les douleurs dont son corps était affligé lui étaient comme étrangères. Il eut le sentiment fugitif d'un ordre mystérieux des choses où tout ce qui était trouvait sa place, la foi et les épreuves, la chaleur de l'été et les mouvements des passants, l'homme errant hors du paradis et la splendeur de la Création.

Il retourna à l'hôpital où le vieux soldat lui donna à manger des galettes trempées dans un peu d'huile. Il n'avait pas faim. Tous ses gestes étaient lents et difficiles. Il voyait le monde avec la même lenteur et comme dans un rêve, sensible comme il ne l'avait jamais été à sa douceur, à son charme inexprimable.

Après deux jours pourtant, les doutes et les scrupules l'assaillirent de nouveau. Une immense fatigue le prit. Il

ne pouvait plus rien vouloir, plus rien décider. Il se laisserait porter quelque temps, puis il abandonnerait cette
vie. Il était aussi las qu'un vaincu. Il se retrouvait à Pampelune, le soir de la défaite, sans plus d'espoir qu'alors, et
sans nul endroit où aller. Des larmes amères coulaient
dans sa barbe hirsute. Il marcha au hasard dans les rues,
et les enfants n'osaient pas l'aborder. Dans une ruelle qui
descendait vers le Cardoner, il s'assit sur une borne, et un
lourd sanglot lui souleva la poitrine. Comme il frottait
machinalement sa jambe endolorie, ses larmes tombaient
dans la poussière. Le soir venait. Il n'entendait plus les
cloches ni la rumeur de la ville. C'était la fin. Il vivrait
désormais comme un mort jusqu'à la mort, sans rien
attendre. Il fit appel à ce qui lui restait de courage pour
se lever et regagner sa chambre. Ce fut alors que Dieu
s'empara de son âme.

*

C'était impossible à décrire. Rien n'était plus réel,
plus physique même ; nulle image pourtant ne convenait. Ni celle du fardeau retiré des épaules, ni celle de
l'eau fraîche sur un visage durci par le soleil, dans une
bouche abîmée par la soif. Nulle vision, et pas non plus
de voix intérieure. Il n'aurait pas été capable de dire ce
qui s'était passé. Quelque chose, plutôt, avait passé. Une
brise légère, un geste vif et incompréhensible qui l'avait
transformé ; mais, surtout, le silence était venu.
C'était un silence prodigieux, d'une incroyable épais-
seur, qui existait par lui-même et qui n'était pas simplement l'absence de bruits. C'était là un prodige aussi grand

que l'apparition d'un ange ou la résurrection d'un mort. Il aurait dû éprouver de la terreur, se disait-il, devant la manifestation de la force de Dieu, manifestation d'autant plus grande qu'elle était plus discrète, comme impalpable, mais il n'éprouvait rien d'autre que le sentiment de l'amitié de Dieu. Il ne pouvait pas en parler, fût-ce à lui-même, ni se la représenter. Il ne voulait plus la quitter, et c'était tout.

Le soir même, en se couchant pour prier dans sa chambre, face tournée vers le ciel, il eut peur du retour de ses pensées, du vacarme inutile qui l'avait assailli pendant des semaines. Rien de tel n'advint. Il était protégé par ce silence mystérieux et qui ressemblait à une personne. Quand il se leva pour aller regarder les étoiles, comme il aimait toujours à le faire, il s'en fut accompagné du silence, et il n'avait plus l'impression de prier, mais que la prière coulait en lui, venant d'un endroit de lui-même qu'il ne connaissait pas, qu'il n'eût jamais découvert seul et qui pourtant lui était infiniment familier. Il s'aperçut alors qu'il ne cessait de pleurer, mais cette fois sans amertume et sans tristesse, ses larmes emportant sans effort loin de lui tout ce qui l'avait fait souffrir.

Cette nuit-là, il ne parvint pas à trouver le sommeil. Un autre que lui, mais à l'intérieur de lui, l'enseignait sans parler, le guidait sans le conduire. Il changeait toutes les perspectives. Il lui montrait un Dieu de l'éternel présent, dont l'amour ne dépend aucunement des péchés des hommes. Il lui faisait entrevoir des choses cachées, et le salut, à l'origine et à la fin. Il lui révélait un Christ inconnu de lui, ami de tous les hommes depuis la création du monde. Chaque instant sur la terre, chaque parcelle de temps, était comme un fragment lumineux de l'éternité. Le paradis de la Genèse n'était pas au début, mais l'attendait; et lui, Inigo, était déjà pardonné. C'était en ami, et non en maître, que Dieu sollicitait son aide, à raison de cette incompréhensible amitié.

Il ne pouvait se soustraire à cette conversation silencieuse. Le mouvement même de la prière avait cessé. Il n'avait plus rien à demander. La force qui l'habitait avait donné congé à ses imaginations. Il n'était plus au monde et, dans le même temps, il le comprenait mieux que jamais.

Le lendemain matin, Inigo se coupa la barbe et les ongles et se promit de retrouver le sommeil. La lumière de la nuit avait disparu, mais en lui laissant une certitude inébranlable. Il ne serait plus un saint pour la foule, ou pour les enfants. Il ne donnerait plus rien à voir. Il avait pris congé de lui-même, et de toutes les illusions de la volonté. Il lui suffirait désormais de vivre avec Dieu. Il passa la journée à réciter le Notre Père, s'arrêtant longuement sur chaque verset. Il lui suffisait de prononcer «que ton Nom soit sanctifié», et son cœur battait la chamade, bondissant dans sa poitrine.

Il trouvait à présent un plaisir indicible à réciter ces prières qui l'avaient si fortement rebuté. Leurs mots étaient à la fois justes et trop étroits. Dieu était imprononçable; mais il aimait à balbutier comme un enfant. En récitant les heures de Notre-Dame sur les marches du couvent des dominicains, alors que l'angélus sonnait, il crut saisir Dieu comme un accord de trois touches et dont l'écho ne cessait pas. Un flot de larmes l'emporta.

Déjeunant au réfectoire, il ne pouvait cesser de pleurer et il parlait de ce qu'il avait entendu, essayant une comparaison après l'autre, et les frères, qui l'avaient connu taciturne, le regardaient interdits.

C'était comme une ascension. Peu à peu, il se sentait instruit, mais avec moins de sensations, sans qu'il s'en sentît privé pour autant. Quelques images, déliées, précises, l'éclairaient d'une manière inattendue. Il vit un jour comment Dieu avait créé le monde et comment il ne cessait de le créer. Il ne pouvait que penser : « C'est Lui qui est Dieu », rien d'autre. Mais ces mots animaient le monde, les étoiles, les arbres et les passants, et il ne pourrait plus oublier ce qu'il savait désormais. Il était entré dans la ténèbre lumineuse où tout est lié, la conscience de chaque homme, le salut des multitudes, les beautés insoupçonnables d'une Création tendue vers son achèvement. En contemplant le Christ présent dans l'Eucharistie, il voyait avec clarté comment l'exil avait pris fin. Son exil, et celui de tous les hommes emmenés vers la mort. Le battement de son sang, les intuitions de son cœur, les pensées de son intelligence rigoureuse se rejoignaient dans un murmure de reconnaissance qui ne cessait pas.

Le temps s'était adouci. C'était l'automne. Le soir, un vent froid descendait du Montserrat. Inigo vivait sans effort. À l'hôpital, il ne parlait pas davantage mais les malades l'attendaient avec une grande impatience, parce que, auprès de lui, dont il émanait une profonde douceur, ils trouvaient un peu de repos. Il se levait toujours chaque nuit pour prier, et se laissait instruire. Il n'était plus séparé de rien ni de personne, et pas davantage de lui-même.

S'il revoyait en pensée l'Albanais, les soldats morts à Pampelune, Beaumont et son père, il les emmenait avec lui, et c'était comme une résurrection. La souffrance des hommes était désormais la sienne, mais elle ne s'interposait plus entre lui et Dieu. Parfois il lui semblait pressentir, le temps d'un frisson, l'amour de Dieu pour les hommes, et il en restait saisi et presque effrayé.

Son esprit était, sans qu'il s'en fût aperçu, devenu assez fort pour s'approcher encore davantage de Dieu, là où il se tient, invisible aux regards. Inigo avait laissé ses illusions derrière lui et ne s'attachait plus aux images.

À la fin de septembre, alors qu'il longeait le Cardoner, près de la Croix del Tort, il s'arrêta sur le bord de la rivière et s'assit. Il regardait couler l'eau verte qu'une légère brume matinale estompait. D'un coup, il fit une expérience qu'il n'avait jamais connue. Il ne s'agissait pas de visions, ni de paroles intérieures. Son entendement prit des proportions inconnues. Il comprit l'ordre qui présidait à la Création. Il s'étonna des liens qui lui apparaissaient désormais dans une grande clarté, qui unissaient les vérités de la foi, la beauté des œuvres de l'esprit, les découvertes des savants. Il s'étonna davantage encore de les percevoir. Son esprit n'avait pas changé pourtant. Il lui semblait simplement qu'on lui en avait révélé toute la puissance. Il était le même, et aussi un autre homme doué d'une intelligence nouvelle. Il connaissait désormais les arcanes du monde. Il voyait sa raison bondir comme en extase, écartant les voiles de l'apparence. La raison aussi participait de Dieu. Et Dieu ne demandait rien. Il s'offrait à tous ceux qui avaient éprouvé la difficulté de faire le bien. Il ne promulguait plus de lois. À la fois silencieux et présent dans toute chose, et dans les hommes, il ne cessait pas de les créer. Dans cette ivresse, il découvrait un monde intelligible et jusqu'à l'infini. Il ne se releva qu'après deux heures et, en rentrant, s'agenouilla devant une croix qui bordait le chemin, pour rendre grâce.

Le soir même, dans sa cellule du couvent des dominicains, il commença à écrire. Il ne voulait pas écrire ce qu'il avait vu, mais ce dont il avait la certitude. Il n'écrirait pas un témoignage, il fabriquerait un instrument. Chacun, à sa manière, était allé à Pampelune et y avait reçu un boulet. Il aiderait les autres hommes, qui n'étaient ni pires ni meilleurs que lui, à en tirer profit.

Cet instrument servirait à transmettre le savoir qu'il avait acquis à Manrèse : que l'on ne se trouvait pas en se cherchant, et qu'on ne pouvait pas vivre en se regardant vivre, ni se rendre libre par un effort de la volonté ; que Dieu a pardonné d'abord, qu'il pardonne toujours et que l'œuvre de son Fils se poursuit jusqu'à la fin du monde ; que la seule question qui vaille est de savoir comment répondre à cet amour ; et que Dieu étant plus présent à nous que nous-même, la seule manière de savoir est de s'examiner, seul, en réfléchissant sur les vicissitudes de sa vie, sur les signes qu'elle contient, sur le bonheur et le malheur que l'on y trouve. Il l'appellerait simplement les *Exercices spirituels* et ce livre ne serait pas fait pour être lu. Il devrait être donné et pratiqué. Il l'écrivit d'un trait, avec l'inquiétante sûreté d'un homme qui a rencontré Dieu. Et l'avenir ne devait pas lui réserver le sort de tant d'ouvrages de piété : les *Exercices* deviendraient l'un des grands livres de ce monde nouveau où nous sommes encore, où l'homme doit d'abord se fier à lui-même pour trouver son salut.

Il n'avait pas seulement fait l'expérience du pardon, mais aussi celle de la division. C'est ainsi que les anciens nommaient le diable : le diviseur. L'appel de Dieu, quelques ténues qu'en fussent les premières manifestations, rencontrait des obstacles. Chaque homme devait apprendre à les reconnaître. Les ayant discernés, il pourrait les abattre et concourir ainsi, à sa place, au perfectionnement de la Création, jusqu'au dernier jour. Il fallait veiller et il fallait mener une bataille dont l'histoire était écrite dans l'éternité. Il n'y avait pas de partie plus sérieuse. Elle engageait le sort de chaque homme, de chaque royaume et pour finir de toute la terre. Elle n'avait pas de limites, ni dans le temps ni dans l'espace. Elle se jouait à la fois dans le visible et dans l'invisible, dans l'âme et dans la politique, dans la chair et dans l'esprit. Il avait éprouvé que rien n'est étranger à Dieu. Le Christ ne cessait de parcourir le monde, rassemblant les énergies jusqu'à ce moment ultime que personne ne connaissait. Il avait montré comment traverser la souffrance et la mort. Il fallait simplement le suivre.

Inigo ne savait pas comment. Il hésitait encore, mais ces hésitations ne le troublaient plus. Il ne rejoindrait pas un ordre. Il ne deviendrait ni dominicain ni chartreux. Il resterait *le pèlerin*. Seul il avait été appelé, et seul il s'en irait jusqu'à ce que Dieu, s'il le voulait, lui donnât des compagnons. Il prendrait la route de Jérusalem. Là il mendierait près des lieux saints et serait un vivant témoignage au milieu des infidèles. De cela il n'avait jamais douté. Lorsqu'il s'examinait, le soir, pesant le pour et le contre dans le silence habité qui lui faisait une âme nouvelle, il ne trouvait aucune raison de renoncer à ce voyage. Il en trouvait de nombreuses de l'accomplir, et ressentait à cette idée la joie calme et profonde qui lui était un signe.

À Noël, il décida de quitter Manrèse. Les quelques amis qu'il s'y était faits lui conseillèrent de ne pas s'embarquer seul. Il ne savait ni le latin ni l'italien. Il tomberait dans tous les pièges d'un si long et si périlleux voyage. Inigo refusa. Il ne voulait plus mettre sa confiance qu'en Dieu seul.

L'étrange forme aux yeux innombrables qui lui était apparue pendant l'été lui était revenue. Mais elle n'était plus si chatoyante. Elle présentait un aspect gris et inquiétant et, à la voir, il n'éprouvait plus aucun réconfort. Il savait à présent qu'elle venait du démon, et rassemblait en elle toutes les illusions qu'il avait choyées pour continuer à vivre. Elle était pleine de chevalerie, d'honneur et même d'ascèse, et elle n'était rien. Il en était délivré. Plusieurs fois, il considéra cette forme avec mépris et la chassa d'un bâton qu'il tenait à la main. Inigo était libre.

J'ai longtemps détesté
Ignace de Loyola...

J'ai longtemps détesté Ignace de Loyola, lui trouvant l'air d'un égaré baigné de larmes, nous appelant sans discrétion aux sacrifices qu'une imagination médiévale lui faisait concevoir. Je n'aimais ni sa phrase, ni ses deux étendards, ni son passé de soldat ni son avenir de général du pape, ni son visage au front étroit et fuyant. Je lui trouvais un air sombre et droit qui ne se rencontre pas souvent dans l'Évangile. Son militarisme m'écœurait, tout comme ses règles et ses disciplines et les mille arguties de sa correspondance. Je ne voyais pas comment le même homme qui avait voulu, selon la tradition orientale, devenir «fou pour le Christ», et méprisé, pouvait dans ses lettres peser à ce point le pour et le contre et composer avec les puissants. Il n'est pas jusqu'au fameux discernement où je ne voyais qu'une psychologie sommaire, bien faite pour ramener l'infinie, la merveilleuse variété du monde et des esprits aux dimensions qui conviennent aux clercs de toutes les époques, qui ne sont pas de meilleurs animaux que nous et cependant se prétendent pasteurs. Je n'acceptais pas qu'on puisse ainsi s'enfermer, et recommander l'enfermement, dans la comptabilité sans fin des fautes, et dans un jeu avec le divin où les signes de Dieu paraissent dépendre d'une messe qu'on dit ou qu'on renonce à dire. S'il écrivait que « l'homme est créé pour louer et servir Dieu Notre-Seigneur », je me révoltais à l'idée d'une humanité d'eunuques élevant vers le ciel de fades prières, dans l'espoir d'un salut méprisable. Je n'aimais pas la société qui me semblait avoir ses faveurs, un phalanstère bien-pensant, encadré par les prêtres, et d'où seraient bannis la fantaisie, l'écart, la méfiance sereine, et cette simple amitié entre les hommes qu'un Dieu indiscret n'est pas convié à partager. L'ascèse à laquelle il appelait ne tuait pas seulement pour moi le « vieil homme » dont parle saint Paul, mais l'homme, digne, courageux, nostalgique parfois, et justement incompréhensif, et sensible à la douceur des choses; l'homme qui rit, l'homme qui passe, celui qui aime à poser sur le sol un pied léger; l'homme réellement humble, qui ne se croit ni sauvé ni même créé à l'image de Dieu, mais veut quand même embellir le monde qu'il est appelé à traverser, par l'art, l'amour ou la conversation. Ignace m'était une sorte de barbare. Je le voyais en don Quichotte que nul Cervantès n'eût racheté; et puis, comme Jaspers, je me suis toujours méfié de cette prétention qu'ont certains hommes d'en instruire d'autres au sujet de Dieu.

La fresque de Rubens dans l'église du Gesù à Gênes représentait assez exactement ce qui me rebutait dans ce que je croyais comprendre de la pensée d'Ignace. Ce tableau saisissant montre l'ordre de la Création et celui

142

des élus séparés par une lourde barrière de marbre. En bas, sur les marches, des hommes veules et décharnés portent une convulsionnaire pour que le saint la guérisse. À côté d'elle, une beauté blonde aux formes plantureuses soulignées par le drapé d'une robe de soie violette, montée par des enfants égarés, semble venir solliciter la conservation de sa fortune. Au-dessus le saint, revêtu des ornements sacerdotaux, surplombé par un ange muni du faisceau de verges, symbole de pénitence, le regard dirigé non sur la possédée mais vers le ciel, entouré d'acolytes qui regardent cette tourbe avec dégoût et pitié, ouvre des bras inutiles. J'eusse aimé que notre vie sous la rambarde fût montrée avec moins de sévérité, et que les représentants de Dieu parussent s'attarder davantage parmi nous.

Mais en même temps qu'il me répugnait, Ignace m'attirait. J'aimais d'abord l'étonnante continuité de sa vie, qui n'est pas perceptible au premier regard. On a coutume de parler de la conversion d'Ignace après que le canon de Pampelune, tiré par les Français, lui eut fracassé la jambe, et lui-même a beaucoup insisté sur ce point de césure. Au plafond de sa chambre de blessé, à Loyola, on peut lire : « Ici se remit à Dieu Inigo de Loyola. » Mais les signes de Dieu dans sa vie, on peut les discerner après, à Manrèse surtout, ou avant, dans l'abcès au nez qui humilia le jeune page d'Arevalo. La « conversion », en tant qu'événement, est une invention des hommes. Aussi bien rejette-t-elle dans un oubli réprobateur la vie passée. Celle d'Ignace n'avait pas été méprisable. Charles de Foucauld, par exemple, avait été un officier négligent, obèse, joueur, débauché, et pour finir démissionnaire. Ignace, une sorte de reître, sans doute, mais héroïque et plus adonné à la gloire, même vaine, qu'au confort. Ainsi, par bien des côtés, l'appel de Dieu n'a pas contredit cette nature, mais l'a poussée, en la purifiant, à son point d'aboutissement. On le voit quand, à la fin de sa vie, après des années de mortifications et favorisé des grâces mystiques les plus élevées, il retrouve dans sa correspondance le grand air du familier des cours. Dieu n'a retranché dans la vie d'Ignace, comme il est promis dans l'Écriture, que des branches mortes.

J'ai souvent lu que la conversion d'Ignace avait consisté, au contraire de celle d'Augustin, «en une découverte du monde intérieur». La plupart des biographes et des commentateurs se sont plu à opposer ainsi l'Ignace d'avant, homme de toutes les vanités, homme «du monde» dans le sens classique de ce terme, à celui d'après, auquel le for interne aurait été révélé par la blessure et les découvertes qu'elle aurait causées. Mais si porté qu'on soit à mépriser les courtisans, les séducteurs et les militaires, il est difficile d'admettre que le jeune Inigo ait vécu sa jeunesse sans rien connaître du trouble intérieur que les passions suscitent. Il a aimé. Il s'est battu. Ce n'était pas un automate, pas même un automate de l'honneur. Il n'était pas différent de nous. Il avait des émotions, des regrets, et surtout une conscience. Si la conversion — celle-là comme les autres — est intéressante à méditer, c'est parce qu'elle constitue un retournement, le changement de direction d'une personne qui reste au fond la même. On peut la voir bien sûr comme une nouvelle naissance, comme le dit l'Évangile, mais une nouvelle naissance dans l'Esprit. Il n'est pas question d'être à nouveau créé. Inigo possédait un monde intérieur avant Pampelune. Il est même permis d'imaginer que ce n'était pas un monde païen. Comprendre la manière dont ce monde a été ébranlé, voilà tout ce qui compte.

À l'activité divine qui y a réussi, Ignace a concouru, fût-ce contre lui-même, avec une violence qui m'attirait. À son époque, on était vaillant comme on est aujourd'hui automobiliste, dit drôlement Giono dans *Le Désastre de Pavie*. Il n'empêche. La rudesse d'Ignace tranche même sur celle de ses contemporains. Sa conversion n'y a rien changé — sauf bien sûr l'objet de tant d'énergie. Avant, de peur de boiter et de perdre son pouvoir sur les femmes, encore convalescent, il fait briser sa jambe mal consolidée. Après, dans les grottes de Manrèse, il jeûne tant qu'il tombe malade à en mourir. C'est le même Ignace. Celui que Dieu a saisi découvre seulement, si l'on peut dire, un monde entièrement nouveau, où toutes les perspectives sont renversées. La seule force qui soit invincible y gît dans l'extrême faiblesse, qui fut celle de Jésus en croix. Ignace transporte dans ce monde nouveau les mots et les attitudes du guerrier qu'il fut, cherche la gloire, choisit un étendard, organise une armée; c'est pour une victoire totale, et dont les victoires profanes auxquelles il avait rêvé enfant n'étaient qu'une prémonition, et dont le caractère paradoxal ne lui échappe désormais plus : une victoire de la faiblesse, et une victoire dans l'invisible. « Le royaume des cieux est pris par violence, écrit Matthieu, et ce sont les violents qui s'en emparent. » Il me plaisait aussi que cette violence fût d'ailleurs, ni réactionnaire, ni révolutionnaire, ni même réformatrice, ayant peu à voir avec les institutions, une violence de nomade, manifestation contemporaine de ce «feu sur la terre» que le Christ s'était proposé d'allumer. La souveraine liberté d'Ignace, qu'il traite avec les rois ou les papes, est celle d'un passant. Il n'est pas arrêté d'ailleurs par les liens de la nature. Peu d'hommes autant que lui ont pris au sérieux l'injonction évangélique de ne pas se retourner vers l'origine, la famille, le père qu'il faut enterrer. Sans doute avait-il grandi au hasard, en cadet désargenté. D'autres auraient trouvé dans l'histoire sainte une tribu de substitution. Pas lui, auquel l'esprit de la «Sainte Famille» resta longtemps étranger. La Vierge Marie, il ne la nomme jamais que Notre-Dame. Il suit un père aux allures de roi, de chef. Dans les *Exercices*, sa méditation des Évangiles de l'enfance du Christ n'est aucunement attendrissante, mais tout entière ordonnée par sa conception de l'obéissance libératrice. Il lui faudra attendre la fin de son aventure terrestre pour trouver un aliment spirituel dans la contemplation d'un tableau représentant Joseph, Marie et leur fils. Pour l'essentiel, Ignace aura vécu en soldat.

J'ai retrouvé dans cette conformation si particulière un écho du Rimbaud de l'errance, qui était mû, écrit Bonnefoy, par le «double désir d'un corps et d'une âme, d'un salut et d'une liberté dans le salut». C'est par là, je crois, qu'Ignace m'a touché d'abord, avant même que je le connaisse mieux. Que l'humiliation fût un moyen d'y parvenir, cette idée si étrangère à nos contemporains ne m'a pas rebuté. Quiconque a tenté de garder les yeux ouverts après la trentaine sait sur quoi se fonde l'estime de soi et l'estime des autres et ce qu'elles valent. Que l'on pût vouloir s'en priver, comme Ignace l'avait fait, ne m'a pas étonné. La conversion, entendue au sens non seulement d'une illumination mais aussi d'un exercice, lui avait rendu visible cette espèce de fluide du mal, qui s'insinue partout, et dont nous pouvons freiner, ou au contraire accélérer, la circulation. Il avait compris qu'il dépend de chacun que l'empire du mal s'étende ou se réduise ; je parle ici du mal concret autant que du mal moral, de la guerre comme du mensonge, de la faute secrète et des spectacles auxquels j'ai assisté en Bosnie ou en Afghanistan et qui m'ont rendu Ignace très proche, parce qu'il donnait du mal, non pas une explication — ce serait, dit Augustin, voir les ténèbres ou écouter le silence — mais une description utile et réaliste. Et cette description était encourageante. Que l'homme se montre oublieux de sa filiation divine, qu'il laisse le désordre des illusions l'emporter, alors il cesse d'être libre et créateur, et le mal conquiert de nouveaux espaces, de nouvelles âmes. C'est la victoire de la mort, une sorte de dé-création. Qu'il se souvienne, se discipline et réponde à l'appel qui lui est adressé, il devient — fût-ce au prix d'une rude ascèse — celui en qui Dieu lui-même peut se reconnaître, parce qu'il collabore aux mille aventures d'une Création qui préfigure le Royaume. Serviteur inutile, sans doute, mais serviteur conquérant et, d'une certaine manière, joyeux.

Si Ignace s'est durement mortifié, il n'y a pas trace chez lui de dolorisme. Son optimisme est profond. À le lire, on a souvent l'impression que le péché est éphémère, passager ; que le mal n'a pas de consistance, que, dépourvu de raison et de substance, il est destiné à être vaincu, et qu'il l'est déjà. Il n'est pas de ces esprits qui, surpris par l'omniprésence du mal, lui accordent autant d'importance qu'au bien, font de Satan l'égal de Dieu, et prétendent élever les murailles du dogme contre les forces du chaos. Ignace n'a pas cette inquiétude. Face à une attitude personnelle, à une situation politique, à une hérésie même, il n'invoque pas immédiatement, et de l'extérieur, la transcendance. Il éprouve au contraire, par une sorte d'immersion, la réalité, tentant d'y voir comment ce bien qui a déjà sauvé le monde y est à l'œuvre, et c'est seulement alors qu'il suggère, plaide ou ordonne. Il en est peu qui aient autant pris au sérieux, jusque dans ses ultimes conséquences concrètes, person- nelles ou collectives, l'incarnation du Verbe. Tel est bien le sens de la formule célèbre : « Trouver Dieu en toutes choses » : non seulement apprendre à le reconnaître, mais vouloir compléter par ses actes l'acte éternel de Dieu. J'ai toujours aimé la brutalité pratique, la rapidité, l'efficacité des conseils d'Ignace pour aboutir à ce résultat qui passe l'imagination ; et aussi le caractère sommaire de sa pensée psychologique, qui le garde de bien des superstitions qui sont les nôtres.

Je trouvais aussi, sans bien savoir pourquoi, à la liberté selon Ignace la saveur d'un perpétuel recommencement. Elle me semblait heureusement insoucieuse et d'un passé transformé par le pardon, et d'un futur indifférent, tout entière vouée à la jouissance de ce présent où Dieu vient sans cesse, par un effet de sa nature, nous rencontrer. Et j'aimais aussi qu'elle fût le moyen de retrouver, à tous les âges, cette enfance où le temps n'a pas encore pénétré comme un voleur.

Un homme qui a été saisi comme il l'a été ne prend pas de précautions. Ignace est resté lui-même dans la sainteté, mais il n'a pas choisi de devenir un saint. Il y a, dans le saint, un enfant qui persévère, un homme qui reste fidèle à son enfance, et cette fidélité comme cette persévérance sont au-dessus de nos forces. Nous ne pouvons là-dessus nous raconter d'histoires. Nul ne peut se transformer, et d'abord parce qu'on ne se change pas sans s'être dépris de soi, ce que nul ne peut faire s'il n'y est pas incité par une promesse, même confusément entendue. Aussi bien l'histoire d'Ignace est-elle celle d'un investissement par Dieu. Le créateur des mondes s'est engouffré de toute éternité dans le sillage du boulet de Pampelune, donnant à cet homme rétif l'étonnant courage de l'assentiment. «Je te rends, Seigneur, ma liberté entière», a-t-il écrit. Il s'y est efforcé à chaque instant, les grâces les plus puissantes, les plus décisives, ayant développé en lui le sentiment paradoxal d'être un obstacle à l'influence divine, si bien qu'il ne s'abusait pas — et de moins en moins — sur la portée réelle de sa conversion. «Pour moi, j'ai la conviction qu'avant comme après je ne suis qu'obstacle», écrivait-il à François de Borgia dans une lettre qui est l'une des plus belles de la littérature spirituelle. Mais il y avait découvert alors les raisons d'une joie incomparable.

J'aimais aussi sa manière d'écrire : non seulement l'obstination de cette correspondance traversée, où l'on sent battre le cœur d'un monde réticent à la grâce, ou les brusques épanchements énigmatiques du journal, mais aussi le style des *Exercices spirituels*. Il est curieux de voir que les commentaires jésuites des *Exercices* ont continûment refusé à ce petit livre le statut d'œuvre, motif pris d'une superstition moderne, relevée par Barthes comme par Paulhan, et selon laquelle, pour être vrai, il convient de se refuser aux séductions de la forme. Ainsi la littérature ne serait-elle guère compatible avec la sainteté. Ainsi importerait-il de refuser au fondateur le statut d'écrivain. Mais la langue des *Exercices* n'est pauvre que pour ceux qui croient au « beau style ». Pour les autres, elle sert, y compris sur un plan spirituel, une tentative profondément novatrice d'ouvrir l'existence humaine au discours attendu de Dieu, et la perfection avec laquelle elle atteint ce but lui confère une beauté sans exemple, qui obligerait plutôt à réhabiliter, en Ignace, la littérature entière.

Et j'aimais aussi qu'elle laissât dans l'ombre, comme autant de peaux mortes, cette masse de souvenirs et de sentiments dont Ignace eût pu faire usage pour nous toucher, au point qu'il faut à présent consentir un grand effort d'imagination pour raconter sa vie. Et certes il n'aura rien oublié, pas plus que nous autres, de ces émotions familières qui lui avaient permis d'apprivoiser un monde étranger. À la fin de sa vie, il tressaillira encore de plaisir au son d'une flûte de montagne. Mais, qu'il écrive ou qu'il dicte, Ignace est d'abord tendu vers une efficacité universelle. Il ne veut rien céder à ces illusions de la mémoire et de l'amour de soi, qui, comme le pensaient les ascètes orientaux, enferment chaque homme dans sa nuit particulière et jettent un filet sur la créature pour l'empêcher de s'approcher de son Créateur et d'y goûter la joie parfaite. S'il se porte au-delà du chaos intérieur avec une sûreté tranchante dont les formules découragent par leur austérité, c'est pour ne perdre aucune chance d'amener chacun à la paix qui suit les combats. Peut-être au fond le secret d'Ignace réside-t-il en ceci que pour lui rien n'est perdu, et que rien ne se perd. Il n'a pas vu nos vies comme l'ordure dont parlera Pascal, ni ce monde-ci comme une vallée de larmes où l'on attendrait l'autre en priant. L'Ancien Testament lui avait appris à voir l'invisible dans le sensible, et le Nouveau que le Royaume est déjà là. Si bien que chez lui l'espérance et la connaissance, c'est-à-dire le discernement, ont toujours partie liée.

J'aimais enfin qu'Ignace fût si peu jésuite, dans le sens qu'on a donné à ce terme chaque fois que sa passion et sa force ont paru s'éteindre chez ses successeurs. Je retrouvais chez lui les échos d'autres auteurs que j'avais goûtés avant de le connaître, échos d'ailleurs qui me paraissaient échapper au temps, certains de ces auteurs ayant vécu après lui : les rabbins hassidiques du XVIIIe siècle, lorsqu'ils voient dans la tristesse une inclination coupable, le contraire même de ce que Dieu attend de nous, le signe que l'on s'éloigne de lui ; les pères des déserts d'Égypte, amoureux d'un Dieu qui a pardonné dès avant la faute et qui pour cette raison ne peut s'empêcher de guérir ceux qui s'adressent à lui.

Mais j'aimais surtout qu'il n'y eût guère de sacré chez Ignace. Les mitres et les chasubles ne m'ont jamais plu, et tout cet appareil processionnaire où l'orgueil des hommes se complaît, dans lequel ils me paraissent prostituer Dieu à leur désir de gloire, et par lequel ils maintiennent les peuples dans une crainte révérencielle qui justifie à mes yeux l'athéisme le plus incommode. Les églises elles-mêmes ne m'inspirent guère. Si sensible que je sois aux écrits des théologiens orthodoxes, je ne suis jamais, comme eux, parvenu à les prendre pour de petits fragments du Royaume. On trouve dans les récits du rav de Berditchev la description d'une synagogue trop pleine de pensées étrangères à Dieu pour que la prière puisse s'en élever. Il n'y a pas de sacré dans l'Évangile. Jésus chemine avec ses disciples, s'assied fatigué sur le bord d'un puits, dort dans une barque, allume un feu sur la grève. Après la Résurrection, il laisse un simple mortel, Thomas, passer la main sur ses plaies. Il met ses disciples en route en leur recommandant de ne pas prendre d'argent avec eux, et ne leur enjoint pas de bâtir des temples. Il défend d'appeler un homme « mon père », ou « bon maître ». Ignace me semblait accordé à cet esprit-là, lui si attentif à la partie qui se joue dans l'homme, et si pérégrinant. Que le christianisme ait souvent pris les traits, dans son histoire, d'une religion politique et immobilière reste pour moi un sujet d'étonnement, tant le maître de Nazareth et les saints qu'il a inspirés me sont toujours apparus éloignés du pouvoir, des bâtiments et de la crainte qu'ils inspirent, et, d'une certaine manière, de l'idée même de « religion ». J'aimais par-dessus tout qu'Ignace fût mort seul dans sa chambre, sans son confesseur introuvable, sans la bénédiction du pape, et privé des derniers sacrements de l'Église. « Il quitta ce monde d'une manière tout ordinaire, écrit Polanco ; et sans doute dut-il obtenir de Dieu, dont la seule gloire était l'objet de ses désirs, cette grâce de ne pas avoir d'autres signes particuliers marquant sa mort. » Je ne me lasse pas de relire ce passage.

Aussi, après avoir longtemps balancé entre ces sentiments contradictoires, ai-je décidé d'aller y voir de plus près. Voici le livre que j'ai rapporté de ce voyage. J'avais voulu m'attacher surtout à la conversion d'Inigo, par laquelle il s'est laissé révéler à lui-même celui qu'il avait toujours été. Puis j'ai compris que cette conversion avait commencé bien avant Pampelune et ne s'était achevée qu'immédiatement après sa mort. Son chemin de Damas aura duré toute sa vie.

J'ai quitté Inigo avant le voyage de Jérusalem, puis la rencontre à Paris des premiers compagnons, sans l'amitié desquels rien n'eût été possible, avant que la Compagnie ne devienne, en si peu d'années, l'extraordinaire instrument qu'il avait voulu. Cet Inigo-là n'était pas encore saint Ignace, ni même un jésuite. Il avait seulement découvert, entre Pampelune et Manrèse, cette liberté qui devait rester pour lui indissociable de l'appel de Dieu. J'aimerais que le récit de cette découverte pût être utile à ceux qui se sont demandé, ne fût-ce qu'une seule fois, si leur vie n'était pas, après tout, *déchiffrable*.

Je n'aurais jamais pu écrire sur une autre vie que celle d'un saint, c'est-à-dire d'un homme qui s'est élevé au-dessus du jugement, à l'égard duquel l'indiscrétion coupable du biographe ne pèse pas lourd. En l'écrivant, je ne me suis pas attaché à sa postérité visible, à ces églises répandues de Rome au Paraguay, à ces esprits qui se sont reconnus siens, de Fabre et François Xavier à Canisius et Borgia, de Kircher à Teilhard, de Surin à Lubac, Certeau ou Balthasar, de Claver, l'apôtre des esclaves, à Montcheuil fusillé au Vercors, de Gaston Fessard à Émile Planckaert, dont une stèle à Yad Vashem rappelle qu'il fut un juste.

Je pressentais que ces créations, cette influence, ces actes trouvaient leur origine dans le silence d'un seul cœur abandonné, et ce silence surtout m'intéressait. Sans doute ai-je espéré, en m'approchant de ce domaine mystérieux, attirer sur mes proches et sur moi, au-delà du temps, l'amitié de l'objet de mon étude, et en recueillir des bienfaits insoupçonnés.

Composition Dominique Guillaumin.
Achevé d'imprimer
sur Roto-Page
par l'Imprimerie Floch
à Mayenne, le 2 décembre 2010.
Dépôt légal : décembre 2010.
1ᵉʳ dépôt légal : septembre 2010.
Numéro d'imprimeur : 78285.

ISBN 978-2-07-013075-7 / Imprimé en France.

181919